KB203570

THE MONK AND THE RIDDLE

THE MONK AND THE RIDDLE by Randy Komisar

RANDY KOMISAR with KENT LINEBACK

THE MONK AND THE RIDDLE
승려와 수수께끼

랜디 코미사 지음 | 신철호 옮김

이콘

무언가가 손이나 얼굴에서 완벽하게 그려지는 때가 있는가 하면,
바다나 언덕에서 느끼는 어떤 감정이 그 무엇보다 우선할 때도 있다.
어쩔 때는 열정이나 깨달음, 지적인 환희가
너무도 진실되고 매력적으로 다가오기도 한다.
중요한 것은 경험의 결과가 아닌 경험 그 자체이다.
우리에겐 다채롭고 극적인 삶에 대해
매우 한정된 시간만이 허락되었다.
어떻게 하면 그 속에서 최상의 조건으로
모든 것을 놓치지 않고 볼 수 있을까?
어떻게 하면 삶의 에너지가 절정으로 타오르는 지점을 찾아
계속, 끊임없이 움직일 수 있을까?
단단하고 보석 같은 불꽃으로 언제나 활활 타오르며
이 환희를 유지한다면
우리의 인생은 성공한 것이다.

월터 페이터의
『르네상스 역사에 관한 연구』 중에서
Walter Pater, 『Studies in the History of the Renaissance』, 1873

감사의 글

이 책은 훌륭한 여러 사람들에게 큰 빚을 지게 했다. 신뢰가 넘치는 편집자이자 가이드인 홀리스 하임바우크는 존재하지도 않는 책을 알아봐 준 후, 세상에 내놓기 위해 소매를 걷어붙였다. 그녀는 영원한 내 친구다. 파트너인 켄트 라인백은 앞뒤조차 맞지 않는 내 글을 '이야기'로 만드는, 남들이 절대 부러워하지 않을 일을 해 주었다. 이 책이 좋은 평가를 받는다면 그의 공이다. 하지만 책의 결점에 대해서 그는 아무런 책임이 없다. 나의 사랑스럽고 소중한 아내 데브라. 나를 포기해도 괜찮을 만한 많은 이유가 있었음에도 불구하고 그녀는 좋을 때나 안 좋을 때나 늘 내 곁을 지켜주었다. 나의 멘토이자 오랜 친구인 빌 캠벨은 내가 줄곧 배워 왔던 어떤 것들에 대해서도 비난을 던지지 않았다. 탁월한 변호사인 밥 로덴은 복잡 미묘한 출판 사업으로 나를 안내했다. 밸리에서 최고의 무지방 차이 라떼를 만드는, 즐거운 콘디토레이의 패티 컬른과 그녀의 밝은 직원들. 멋진 콘스턴스 해일은 나의 횡설수설을 제대로 된 영어로 바꿔 주었고, 아주 힘든 상황에서도 우리를 이끌어 주었다. 늘 친절함과 관대함으로 지지해 준 제노베바 로사. 장례식에 즐거움을 가져온 댄 켈로그. 많은 기업인들, 벤처캐피털리스트들, 그리고 내가 받은 것보다 더 많은 것을 나에게 준 사업 동료들. 사랑하는 가족들, 특히 친절하게도 이 책에 대한 어떤 언급도 피해 주신 어머니. 많은 친구들, 선생님들, 나에게 행운을 가져다 주었고 많은 것을 생각하게 만든 여행 동반자들. 그리고 내가 열심히 일하고 있을 때면 발 옆에서 무기력하게 빈둥거리다가 요점을 놓쳤다 싶을 즈음이면 꼭 등을 긁어 달라고 구르던, 나의 변함없는 친구들이며 끔찍한 사냥개인 티카와 탈리.

진심으로 모든 분들께 마음 깊이 감사 드립니다.

랜디 코미사

✧•✦•✧

『승려와 수수께끼』는 창업, 즉 세상과 삶을 향해 자기만의 이야기를 쓴다는 것이 얼마나 쉽지 않은 일인지를 잘 설명한다. 그리고 그 이야기의 시작은 언제나 자기 삶의 진짜 가치로부터 비롯돼야 한다고 말한다. 빛나는 스토리에는 항상 '왜'라는 물음에 대한 명확한 답이 있다. 수백 편의 '세상을 바꾸는 시간 15분' 강연을 기획하고 편집하면서 얻게 된 사실이다. 그렇기 때문에 이 책은 빛나는 삶을 꿈꾸는 사람에게 훌륭한 지침서가 될 것이다.

구범준 (세상을바꾸는시간15분 대표이사)

"세월이 지나면서 나는 사업이라는 것이 돈을 버는 게 아니라 창의력을 펼치는 것이라고 생각하게 됐다. 회화나 조각처럼 개인의 재능을 표현하는 캔버스와 같은 것이라고 말이다. 왜냐면 사업의 핵심은 변화이기 때문이다. 사업과 관련이 있는 것들 중에서 변하지 않는 것은 없다. 시장은 달라지고 제품은 발전하며 경쟁사는 동지가 되고 직원들은 들어왔다가 나간다. 기업은 변화에 대처하는 방법을 가르치는 몇 안 되는 사회기관이다."

창업초기에 가장 도움을 많이 받았던 책을 꼽으라면 단연 『승려와 수수께끼』이다. 창업 10년이 지난 지금 읽어도 강한 여운을 남기는 책 중 하나이다. 이 책을 통해 창업이란 무엇인지, 리더십이란 무엇인지, 성공이란 무엇인지, 함께 고민해 보기를 바란다.

김봉진 (경영하는 디자이너, 우아한형제들 대표이사)

우리는 흔히 인생계획을 세우는데, 대부분은 비슷한 플롯으로 구성돼 있다. "열심히 일해서, 돈 많이 벌어서, 나중에 하고 싶은 거 하면서 편하고 즐겁게 살아야지." 인생이 무슨 출애굽기도 아니고, 영웅전도 아닐 텐데 현재의 고통을 전제로 미래의 행복을 꿈꾼다. "가장 큰 위험부담은 미래의 행복을 위안으로 삼으면서 하고 싶지도 않은 일에 평생 인생을 낭비하게 되는 것이다."(254쪽) 그런데, 한편으로는 의미 있고 좋아하는 일을 만날 수 있는 기회가 누구에게나 평등하게 찾아오는 것은 아니라는 생각이 들기도 한다. 로펌 변호사였던 랜디 코미사가 1983년 팔로알토 지사로 발령이 나지 않았다면 애플에서 일할 기회도, 그 후 수많은 스타트업과 일할 기회도 없었을 것이다. 물론 선택의 기회가 주어졌을 때 '안정' 대신 '의미'를 선택하는 것은 누구나 할 수 있는 일은 아니다.

나는 지금 원하는 일을 하고 있는가? 이 마지막 질문이 심장을 찔렀다.

김기철 (매일경제신문 기자)

◈⫶◈

'지금 하고 싶은 일이 있지만 여건이 되지 못하니, 먼저 해야 하는 일을 해서 돈을 번 다음에 하고 싶은 일을 하자.' 이렇게 생각하는 젊은이들을 많이 만나 볼 수 있다. 인생에 있어서 과정은 단지 목표를 이루기 위한 인내의 연속일 뿐이며, 목표만 이룬다면 그 다음부터는 행복해 질 것이라는 생각이다. 대표적인 벤처캐피털리스트의 한 사람이면서 동시에 실리콘밸리의 철학자로 불리는 랜디 코미사는 이러한 상식에 근본적인 의문을 던진다. 창업을 고민하는 벤처기업가들뿐만 아니라, 현 시대를 고민하며 살아가는 청년들에게 일독을 권한다.

안철수 (국민의당 대표)

＊•＋•＊

'사업의 묘미'는 텅 빈 캔버스를 갖고 현상에 도전해 변화를 일으키는 것이다. 사회를 발전시키겠다는 비전을 갖고, 지속적으로 위대한 사업을 해 가는 멋쟁이들이 바로 사업가다. 저자는 창업을 꿈꾸는 이들에게 자신 내면의 깊숙한 곳에서 원하는 진정한 비전과 평생을 바쳐 일하겠다는 열정을 가지고 용기 있게 도전하라고 조언한다. 단순히 돈을 벌겠다는 생각보다, 자신이 정말 이루고 싶은 꿈을 실현하는 것이 더 소중하고 가치 있는 일이라는 것이다. 이는 창업 단계의 사업가들은 물론 100년을 이어 갈 기업의 경영자들 모두에게 중요하다. 큰 뜻을 품은 긴 도전 속에서만 긍정적인 변화가 만들어지기 때문이다. 꿈꾸고 도전하는 사람들이라면 그 진리의 깨달음을 얻기 위해 꼭 읽어볼 만한 책이다.

이휘성 (전 IBM 본사 성장시장 전략담당 부사장)

❖❖❖

　2013년 1월 어느 날, 이 책을 읽었다. 출근 전에 잠깐 읽어야지 하며 식탁에서 몇 페이지 읽어 내려가다가 그만 출근 시간을 놓쳐 버렸다. 실리콘밸리의 성공한 기업가이자 투자자, 그리고 철학자인 랜디 코미사의 이 책은 예전부터 깊숙하게 마음속에만 묻어 두었던 나의 화두를 다시 꺼내게 만들었다. 투자자와 스타트업 창업자와의 대화로만 치부하기에는 그의 책은 너무나 많은 철학적 함의를 담고 있었다. 그런 그의 화두가, 아니 수수께끼 같은 승려의 질문이 나의 잠재의식을 일깨웠다. 그렇다. 이 책은 스타트업을 준비하거나 하고 있는 모든 창업자, 그리고 그 생태계에서 투자하는 모든 투자자들이 읽어야 할 교과서 같은 책이다. 내가 10년 전에 이 책을 접했다면 나의 벤처투자는 많이 달라졌을 것이다. 창업을 준비하는 이들이 이 책을 읽게 된다면 인생을 즐기면서 자신이 하고 싶은 일을 좀 더 열심히 하게 되지 않을까?

이희우 (언블락 대표이사)

우리는 실리콘밸리의 겉모습을 따라가면 벤처기업가가 많이 나올지 모른다는 잘못된 견해에 젖어 있다. 흔히 정책결정자들도 이런 실수를 하는 것을 자주 목격한다. 겉모습보다는 그곳을 관통하는 삶의 방식, 생각하고 서로의 견해를 이야기하면서 한데 어울려 새로운 가치를 만들려는 속모습을 이해하고 우리 사회에 맞게 다시 바꾸어 적용하는 것이 중요하다. 이 책은 실리콘밸리의 영혼을 이해하는 데 좋은 길잡이가 될 것이다.

장현준 (KAIST 기술경영전문대학원 교수)

❖⋅❖

책을 펼치고 밤새워 곱씹으며 완독하고 다시 펼치게 만드는 책이다. 실존 인물이 쓴 비즈니스 소설이자 스타트업 케이스스터디 교재이기도 하고, 관련 일을 하는 나에게는 자세가 흐트러질 때마다 다시 읽는 경전 같기도 하다. 창업, 사업은 단기 수익 창출도 필요하겠지만, 방향이 더 중요한 기나긴 여정Journey이라는 것. 책을 읽고, 실행하며 알게 되었다. 스타트업 선배인 이 책의 역자가 나에게 알려준 가르침이기도 하다.

정재호 (전 KAIST 청년창업투자지주 이사, 엔젤 투자자)

차 례

수수께끼

1999년 2월, 나는 오토바이를 타고 지금은 미얀마로 알려진 버마의 광활한 황무지 위를 달리고 있었다. 끝없이 펼쳐진 이 풍경 속에 생명이 넘치는 것은 눈부시게 아름다운 도시를 가로질러 히말라야로 흘러 드는 아이 야와디Aye Yarwaddy 강줄기뿐이었다. 나의 목적지는 바간Bagan으로 30제곱킬로미터 속에 5,000개가 넘는 사원과 사리탑을 품고 있는 곳이다. 함께 다니던 미국인 자전거 여행객들과는 헤어졌다. 자전거가 미처 도착하지 않은 친구에게 내 것을 빌려주고, 난 몇 시간째 오토바이를 타고 이리저리 둘러보는 중이었다.

내 앞으로 임시로 만든 듯한 트럭 택시가 달리고 있었다.

곧 부서질 듯한 중국산 트럭 위에는 30명 남짓한 사람들이 간신히 타거나 매달려 있었다. 승객들 대부분은 남녀 할 것 없이 자신의 부족을 나타내는 화려한 론지longyis를 입고 있었다. 론지는 롱스커트와 비슷한 모양으로 면이나 실크를 둥글게 연결한 옷을 말한다. 대부분의 여자들과 몇몇 남자들은 뺨과 이마, 코에 타나카Thanaka 나무 껍질로 만든, 진흙 비슷한 반죽을 바르고 있었다. 그것은 피부미용과 자외선 차단제 역할을 했다. 뒤쪽 범퍼에 올라선 한 젊은 스님은 자주색 승복을 펼쳐 쏟아지는 햇빛을 가리고 있다. 스님은 말 없이 나에게 손짓했다. 말은 하지 않았지만 오토바이를 태워달라는 몸짓이다. 나는 고개를 끄덕이며 똑같이 무언의 동의를 보냈다. 언제 트럭이 멈출지 몰라, 트럭 앞으로 앞질러 가서 신호를 주고 오토바이를 세웠다. 살짝 멈춰선 트럭에서 가볍게 뛰어내린 스님이 따뜻하고 환한 미소를 지으며 나를 향해 천천히 걸어왔다. 나는 뒷자리에 두었던 배낭을 치우면서 스님에게 타라고 몸짓으로 말했다. 스님은 배낭을 받아 짊어지면서, 꼬깃꼬깃하게 접어 너덜너덜해진 챠트Kyats, 미얀마 화폐 단위를 내 손에 쥐어 주려고 했다.

"그냥 타세요. 됐습니다."

말은 이렇게 했지만 그가 영어를 알아들을 수 없을 터였기에 손사래를 치며 고개를 저었다. 스님이 내 어깨 위로 살짝 손을 얹었다. 우리는 곧 트럭을 따라잡았다. 한낮의 태양은 뜨거웠지만, 스님의 옷자락이 바람에 펄럭이는 소리가 우리에게 약간의 해방감을 선사했다.

길을 따라 30분쯤 달렸을 때, 길가의 작은 주점에서 점심 식사를 하고 있는 여행 친구들이 보였다. 주점은 홍콩의 아름다운 풍경과 해변가를 찍은 빛 바랜 포스터들이 벽지 역할을 하고 있는, 먼지를 잔뜩 뒤집어쓴 오두막집이었다. 친구들은 내가 부처님의 제자로 입적한 듯 보이는 상황이 무척이나 신기한 모양이었다. 한 명씩 다가와 나의 동행자와 인사를 나누더니 말이 통하지 않자 다시금 톡 쏘는 볶음 요리에 집중했다.

"점심을 좀 드시겠어요?"

나는 여행 중 잘 사용했던 어설픈 보디랭귀지를 동원해 물었다.

스님은 고개를 젓더니 식탁 구석으로 자리를 옮겼다. 미국인 한 명은 어떻게든 감당할 수 있었지만 스무 명까지는 힘든 듯 보였다. 스님에게 카레를 권했지만 그는 손도 대지 않았다. 마지못한 듯, 스님은 머리가 아찔할 정도로 단 소다만으로 목을 축이며 나를 기다렸다.

스님이 불편해한다는 것을 느낀 나는 허겁지겁 점심을 해치웠다. 그가 배낭을 짊어지고 오토바이에 올라탄 후 우리는 다시 길을 나섰다. 내 어깨를 잡고 있는 두 손에서 스님의 존재가 느껴졌다. 오토바이 엔진 소음만 들릴 뿐, 우리 두 사람은 아무 말도 하지 않았다. 도로는 끝이 없었다. 드문드문 비딱하게 서 있는 초가집들과 장터가 눈앞에 나타났다. 마차를 끌고 있는 물소 때문에 속력을 늦추거나, 축 늘어진 뱃가죽으로 먼지 속을 어슬렁어슬렁 걸어가는 소떼에게 이리저리 움직이며 길을 비켜주기도 했다. 이런 속도로는 날이 저물 때까지도 바간에 도착하지 못할 것 같았다.

30여 분이 지나자 스님은 내 어깨를 톡톡 치더니 창문 하나 없이 금방이라도 무너질 듯한 오두막 앞에 세워 달라는 표시를 했다. 그곳에 들어가니 미얀마 곳곳에서 볼 수 있는 농부들과 한량들로 가득했다. 거의 본 적 없는 미국인과 마주한 게 모두들 신기한 듯 사람들은 술렁거렸다. 스님은 작은 의자에 자리를 잡고 나에게 식사를 권했다. 나는 고개를 저었다. 이제는 내가 알아들을 수 없는 말에 귀를 쫑긋 세우고, 녹차를 홀짝이며 기다릴 차례였다. 스님이 걸쭉한 갈색 소스를 버무린 밥을 비운 후, 우리는 다시 길을 나섰다.

100킬로미터 정도를 더 달린 후, 우리는 포파Popa 산에 도착했다. 평원지대에 불쑥 솟아오른 이 바위산에는 낡고 허름한 고대 사찰이 있다. 마당을 뛰어다니는 원숭이들로도 유명한 곳이다. 이곳에는 비극적인 죽음으로 고통 받고 세상을 떠난 뒤, 그 영혼이 신으로 환생한 인간을 일컫는 낫Nat이 있다. 이것은 부처님과 함께 나란히 숭배되고 과일, 담배, 껌으로 공양을 받는다. 밤이 되면 무아지경에 빠진 사람들이 빙글빙글 춤을 추며 낫의 정기를 물려받는다.

빛 바랜 승복을 입은 노스님이 사찰 밖으로 모습을 드러내자 나와 함께 온 스님이 마주보며 절을 했다. 먼 길을 함께한 나는 쳐다보지도 않은 채, 젊은 스님은 사찰 안으로 사라져버렸다.

"저는 포파 산사의 주지인 현명賢明입니다."

뼈만 앙상한 노스님은 며칠 깎지 않았는지 머리카락이 자라 있었고, 여러 번 구부렸다 펴기를 반복했는지 테가 찌그러진 안경을 끼고 있었다.

영어를 들으니 안심이 됐다. 도대체 내가 어디에 있는지, 함께 여행하던 친구들은 어디로 갔는지 알 수 없었고, 오토바이의 기름도 거의 남지 않은 상태였다.

노스님은 무소유를 추구하는 사람답게 기꺼이 나를 환대

해 주었고 친절한 몸짓으로 자리를 권했다.

"저 스님을 150킬로미터나 모셔 왔는데 제가 제대로 모시고 왔는지 모르겠습니다."

나는 사찰 안으로 사라진 스님을 가리키며 말했다.

"스님의 목적지가 여기였을까요?"

"맞아요. 제대로 모시고 오셨습니다."

현명 스님이 간결하게 대답했다. 그와 잠시 가벼운 잡담을 나눈 후 바간으로 가는 길을 물었다. 그는 네 귀퉁이가 접혀 있는 낡은 명함을 건네주었지만 모두 뜻을 알 수 없는 미얀마어였고, 스님의 이름을 영어 발음대로 표기한 것만 간신히 알아볼 수 있었다. 내가 멍하니 서 있자 아마도 딱 하나 가지고 있는 것이 틀림없을 것 같은 명함을 얼른 다시 가져가 버렸다. 현명 스님이 준 물을 마시고 악수를 나눴으니, 내가 해야 할 임무는 다 한 셈이었다.

오토바이를 세워둔 곳으로 나가자 함께 이곳까지 온 젊은 스님이 나를 기다리고 있었다. 당황한 나는 사찰 계단에서 우리를 바라보고 있는 현명 스님을 향해 하소연하듯 눈빛을 보냈다.

"두 분이 처음 만났던 곳으로 다시 데려다 달랍니다."

노스님이 어깨를 으쓱하며 말했다.

"하지만 저에게 제대로 모셔왔다고 하셨잖아요?"

내가 큰 소리로 물었다.

"그랬지요. 하지만 그는 다시 돌아가고 싶답니다. 자, 함께 가 주실 수 있겠습니까?"

천천히 걸어오는 노스님 뒤로 원숭이 한 마리가 끽끽 소리를 질렀다. 젊은 스님은 배낭 쪽으로 손을 뻗어 또다시 여행 채비를 하고 있었다.

"도착한 지 얼마 지나지도 않았어요. 스님을 오후 내내 태우고 왔잖아요. 게다가 조금 있으면 날도 저물 테고요. 그런데 이제 와서 다시 돌아가고 싶어 한다고요? 이유가 뭐죠?"

현명 스님은 잠시 생각에 잠겼다가 어깨를 으쓱이며 이렇게 말했다.

"쉽게 답을 드리기가 어렵군요. 대신 수수께끼를 하나 드리죠."

잠시 말을 멈춘 노스님은 젊은 스님과 미소를 나누더니 다시 나를 향해 돌아섰다. 나는 이 노스님과 신비한 수수께끼가 어떤 시나리오로 마무리될지 궁금했다.

"지금 답하려고 애쓸 필요는 없습니다. 곰곰이 생각하다

보면 자연스럽게 해답이 떠오를 겁니다."

사실 나는 이런 게임을 그렇게 좋아하지 않았지만 선택의
여지가 없었다.

"제가 계란 하나를 가지고 있다고 상상해 보세요."

노스님은 이렇게 말하면서 손으로 계란 모양을 그렸다.

"이 달걀을 1미터 정도 아래로 떨어뜨리되 깨뜨리면 안 됩
니다. 어찌 해야 할까요?"

그는 영어 실력을 최대한 발휘하여, 순진한 미국인 여행객
을 당황하게 했다는 사실만으로 즐거워하는 것 같았다. 나는
초등학교 시절에 배웠던 과학 수업의 기억을 더듬었다. 노스
님의 수수께끼를 푼다면 왜 금방 길을 돌아가야 하는지 그
이유를 들을지도 모른다는 생각에 지금 당장 해결하고 싶었
기 때문이다. 하지만 스님의 말씀대로 수수께끼는 그냥 가슴
속에 담아 두기로 했다. 당분간은 말이다.

현명 스님은 내가 포파 산사를 방문한 기념으로 수수께끼
를 선물한 뒤 마지막으로 고개를 한 번 끄덕인 후, 사찰 안으
로 사라졌다.

변덕스런 젊은 스님은 오토바이에 기름을 넣을 수 있는 곳
으로 안내했다. 미얀마의 산골에서 멀쩡한 주유소를 기대하

는 것은 일찌감치 접어야 한다. 그 대신 주둥이를 낡은 천으로 틀어막은 먼지투성이의 병들이 도로변에 불규칙하게 늘어선 곳이 있는데, 그곳이 바로 주유소다. 기름을 넣기 위해 오토바이를 세우자 주인이 불쑥 나타나 돈을 챙긴다.

우리는 사막을 오르락내리락 하며 달렸다. 바간에 가까워지면서 눈부신 벽돌과 석재로 만든 사찰이 사방에 드러났다. 어떤 것은 하늘을 찌를 듯이 우뚝 솟은 것도 있었고, 부처상을 옮기지 않으면 출입이 불가능할 정도로 작은 것도 있었다. 가지각색의 첨탑과 뾰족탑을 배경으로 불타오르는 붉은 태양이 사막 너머로 갈 길을 재촉했고, 저녁 노을에 물든 아이 야와디 강은 눈이 부실 만큼 밝게 빛났다.

우리는 옛 도읍지인 바간과 내가 묵을 숙소를 찾아 계속 나아갔다. 힘들고 덥고 먼지를 잔뜩 뒤집어쓴 하루였지만 오토바이 뒤에 스님을 태운 채 저녁 노을을 받으며 바간의 신비를 거니는 지금 이 순간이 갑자기 행복해졌다. 내가 포파 산사를 떠날 때만 해도 목적지에 도착하는 것이 유일한 목표였는데, 지금은 이 여행을 접고 싶지 않다는 생각뿐이다.

그 순간 수수께끼의 해답이 떠올랐다.

1
프레젠테이션

THE MONK AND THE RIDDLE

"재미있는 장례식 문화를 만들려고 합니다."

면담은 그 발언과 함께 시작됐다. 궁금증을 유발시키는 사업설명이었다.

"재미있는 장례식 문화?"

내가 물었다.

"그렇습니다. 우리는 누군가 죽었을 때 해야 하는 모든 선택을 쉽게 만들려고 합니다. 상을 당해서 관, 수의, 조화 등을 골라야 할 때 도움을 주자는 겁니다."

"재미있게요?"

"네. 이 모든 것을 결정하는 것이 쉽지 않죠. 이런 일을 겪는 사람들에게 인터넷상에서 정보를 제공하는 겁니다."

"하지만 '재미있게'라고요? 왜 하필 재미있는 장례식 문화인가요?"

"이목을 끌기 위한 마케팅이죠. 잘 아실 텐데요. 일종의 말장난이죠."

"아, 장례식funeral의 앞 글자 fun을 넣어서?"

"맞습니다. 그렇죠. 야후Yahoo에 fun과 funeral 두 단어를 동시 검색하면 몇 개의 사이트가 뜰까요? 수백 개요? 천만에요. 딱 한 개, 우리 사이트밖에 없을 겁니다."

지금 사업설명을 하는 사람은 레니라는 친구다. 그의 사업 아이디어는 사람들이 죽었을 때 장례식장에서 사용하는 물건들을 인터넷에서 판매하자는 것이다. 성인용품만큼 다양하고 복잡한 감정을 불러일으키는 장례용품을 말이다.

우리가 만난 곳은 콘디토레이로, 전원풍의 포톨라밸리에 있는 아늑한 커피숍이다. 서쪽에는 산타 크루즈 산맥, 동쪽에는 팔로알토와 280번 도로가 있는 이곳은 실리콘밸리 기업의 중심지라 할 수 있는 샌드 힐 로드 바로 다음 출구에서 고속도로를 빠져나오면 있다. 나는 레니 같은 인터넷 창업 아이디어를 가지고 있는 사람들을 만날 때 콘디토레이, 혹은 같은 상점가에 있는 몇몇 음식점을 이용한다. 이곳이 나의 사무실인 셈이다. 우드사이드에 있는 벅스 레스토랑과는 분위기가 사뭇 다르다. 벅스 레스토랑은 벤처캐피털리스트들이 영화 〈트리거〉에 나온 로이 로저스의 커다란 사진 밑에서 창업 희망자를 만나거나 계약에 관해 의견을 나눌 때 선호하는 곳이다. 오전 내내 벅스 레스토랑에 앉아 아침식사를 하는 사람들을 관찰하다 보면 투자하는 쪽과 투자받는 쪽을 금방 구별할 수 있다. 보는 사람이 민망할 정도니 말이다.

매일 아침 수많은 사람들이 콘디토레이에 들러 커피를 마신다. 에너지 보충이 필요한 조깅족들, 바쁜 출근길의 직장인들, 학교에 가는 스탠포드 대학생들, 그리고 산중턱의 집을 나와 샌드 힐의 성채로 출근하는 몇몇 협상가들. 모순적이게도 밸리의 행운아들이 사는 집에 바쁘게 못을 박고 잔디를 깎으며 벽을 칠하고 빗자루질을 하고 망치를 휘두르는 인부들이 잠깐 들러 커피를 마시는 곳도 이곳이다. 고속도로에 진입하려는 포르셰와 벤츠, BMW가 줄줄이 늘어선 가운데, 다른 한편에서는 이 인부들을 실은 픽업 트럭이 들어온다.

약속시간보다 몇 분 일찍 도착했지만, 레니는 이미 나를 기다리고 있었다.

"랜디 씨군요."

그가 나를 알아보고 먼저 말을 걸었다.

"저는 레니입니다. 프랭크 씨가 당신을 쉽게 알아볼 수 있을 거라고 하셨거든요."

삭발한 머리, 카우보이 부츠, 청바지, 오토바이용 자켓을 입었으니 나를 쉽게 알아볼 수밖에 없겠지.

그는 다부지게 악수를 청하고는 정치인처럼 왼손으로 내 팔꿈치를 잡고 테이블로 안내했다. 자신감이 넘친 그의 태도를 보자니 엔지니어는 아닌 듯했다. 무척 사교적이었고 옷도 잘 입었다. 신기술에 대한 설명은 아닐 것이 분명했다.

한쪽 팔을 잡힌 채로 끌려가면서 나는 시계를 봤다. 정확히 9시였다.

"오래 기다리지 않았나 모르겠습니다. 9시 약속으로 알고 있었는데."

"9시가 맞습니다. 이리로 오시죠." 그가 대답했다.

"커피 한잔 드시죠. 제가 사겠습니다. 크림이나 설탕을 넣으십니까?"

"고맙지만 어떤 걸 먹을지 잘 모르겠군요. 결정할 동안 좀 앉으시죠."

그대로 버티고만 있는 레니를 무시한 채 나는 잡혀 있던 팔을 빼고 카운터로 걸어갔다. 레니는 한 걸음 뒤에서 따라오다가 다시 테이블로 돌아가 앉았다. 그제야 나는 팔이 잡혀 있는 동안 참고 있었던 숨을 내쉬었다.

저지방 차이 라떼를 주문해 놓고 기다리는 동안 곁눈으로 그를 관찰했다. 스물여덟 살쯤 됐을까?

나는 그의 숱 많은 검푸른 머리카락과 창백하게 야윈 얼굴을 찬찬히 살펴보았다. 밤을 샜는지 정오쯤 되면 다시금 면도를 해야만 할 것 같았다. 짙은 눈썹 밑으로 먹이를 노려보는 듯한 눈이 자리잡고 있었다. 시선을 움직이는 법도 없고 뭔가를 생각하는 듯한 눈치도 없었다. 잔뜩 긴장한 그의 몸은 누군가를 향해 곧 튀어 오를 준비가 되어 있는 스프링 같았다. 물론 상대는 나겠지만.

레니의 감색 정장에 잘 다린 흰 셔츠, 빨간색과 노란색 모자이크 무늬의 넥타이는 그가 실리콘밸리 사람이 아니라는 것을 말해주었다. 영업 쪽 일을 하고 있지 않을까? 그는 콘디토레이에서 양복과 넥타이를 맨 유일한 사람이었다. 내 경우엔 수년 동안 정장을 입어 본 적이 없다. 몇 년 전 GO Corporation에서 근무할 당시 몇 달 동안 IBM과 투자 협상을 벌인 적이 있는데, 상대는 노련하기로 유명한 딕 시모어였다. 그는 전형적인 IBM 중개인이었다. 외교관 못지않은 이 해결사는 각기 상충된 관심사를 가진 주주들로 구성된 IBM 내부 조직과 우리와 같은 외부 별종들을 어떻게 다루어야 하는지 잘 알고 있었다. 당시 50대로 보였던 시모어는 다부지고 달변가였으며 완벽하게 프로페셔널했고, 흠잡을 데 없는 감색 정장에 빳빳한 흰 셔츠를 입고 있었다. 당시 30대였던 나는 청바지에 티셔츠, 알록달록한 양말에 스케이트보드용 신발 차림으로 계약상 복잡한 문제점을 놓고 한 치의 양보도 없는 협상을 벌였다. 딕은 나를 실리콘밸리 출신의 별종이 아닌 프로로 대했다. 결국 GO는 IBM의 지원을 받기 위해서 몇 가지 까다로운 조항에 합의했지만, 협상 후 나는 딕을 존경하게 되었다. 그는 품격 있고 완벽한 협상가였다. 하지만 딕처럼 프로다운 기지와 노련함을 갖춘 사람이 벤처기업을 창업한다는 것은 도저히 상상할 수 없다.

레니도 나이가 어리고 서툴며 경험이 적을 뿐이지 딕과 같은 회사형 타입이 아닌지 궁금했다.

코니는 차이 라떼를 건네며 계산기 너머로 물었다.

"일행이신 분께 커피 한잔 더 드릴까요?"

"글쎄요. 그렇게 하죠. 그가 뭘 주문했는지 알아요?"

"당연하죠. 프렌치 로스트, 블랙으로."

코니가 속삭였다.

"그는 한 시간 동안 다섯 잔이나 마셨어요. 아직 앉아 있는 것이 용해요. 오늘은 핏대 올리지 않는 것이 좋을 거예요."

그녀는 소매를 걷어붙인 채 아침 손님을 상대하느라 정신 없는 와중에도 이웃 사람 같은 충고를 잊지 않았다.

나는 차이 라떼와 커피를 들고 테이블로 돌아왔다. 레니는 내가 내려놓은 잔을 흘깃 쳐다보면서 내 앞에 검은색 바인더 노트를 내밀었다. '고맙다'는 말이 그 노트 안에 적혀 있는 걸까?

"보통 컴퓨터로 프레젠테이션을 준비합니다. 화면을 보면서 말이죠. 프랭크 씨한테는 그렇게 설명했습니다. 여기는 미리 확인했지만 이 안이 너무 밝아서 화면이 잘 안보이더군요. 그냥 구식으로 노트를 보면서 말씀 드리겠습니다."

자, 이제 사업설명이 시작되는군. 나는 일주일에 두세 번 정도 창업 아이디어 설명을 듣는다. 원한다면 매일 들을 수도 있을 것이다. 그것도 하루 종일. LA에 있는 사람 치고 대본을 써 보지 않은 사람이 없듯이, 실리콘밸리에 있는 사람 치고 창업 아이디어가 없는 사람은 없다. 게다가 요즘은 인터넷 관련 사업이 대부분이다. 나는 1980년대 초부터 계속 실리콘밸리에서 신종 투자 사업체, 계열사에서 분리된 사업체 등 신생기업의 업무에 몸담아 왔다. 하지만 어떤 전문가 목록에도 이름을 올린 적이 없고, 전화번호부에도 내 연락처는 없다. 즉, 나를 아는 사람을 통하지 않는 한 내게 연락할 수 없다는 말이다.

　프랭크가 무슨 생각으로 레니를 만나보라 했는지 궁금했다. 나는 아이디어에 대해 짜내고, 자극을 주거나 사업 구상을 놓고 건설적인 대화를 하는 것을 좋아한다. 하지만 레니와는 그것을 할 수 있을 거란 생각이 들지 않았다. 나는 창문 너머로 화창한 캘리포니아의 하늘을 감상했다. 유칼리 나무가 바람에 산들거리고 있었다.

　"프랭크와는 어떻게 알게 됐는지 먼저 말해 줄 수 있나요?"

　"음, 그는 제 친구의 친구분이세요. 월요일에 만났는데, 관심을 보이시면서 선생님을 만나보라고 했습니다."

　프랭크는 동업자들과 주간 회의를 갖는데, 회의 시작 전에 잠깐 이야기를 나눈 모양이다. 레니는 프랭크를 전혀 모르는 게 분명했다.

　고맙군, 프랭크. 나한테 신세 한 번 진 셈이야.

　프랭크는 벤처캐피털리스트 업계의 대부와도 같은 존재다. 나는 GO를 위한 자금 조달을 맡을 때부터 그와 알고 지냈다. 그의 회사는 업계 선두그룹으로 그 이름만으로도 창업자들에게 든든한 신용장 같은 역할을 하는 기업이었다. 우리는 계속 연락하며 지내 왔는데, 며칠 전에 그가 전화로 유망

주를 한 명 보낸다고 알려 왔다.

"열정적인 사람이야. 흔치 않으면서 재미있는 아이디어를 가지고 있더군. 만약 자네가 마음에 든다면 같이 투자를 해 봄세."

프랭크의 평가였다.

"레니, 지금 어떤 일을 하고 있나요?"

"사원 복지 혜택의 일환인 생명보험을 기업에 판매하고 있습니다. 전국적으로 고객을 거느리고 있기 때문에 2~3주마다 한 번씩 서부로 출장을 나오죠. 지난 2년 동안 판매실적 1위를 올리고 있습니다. 판매금액으로 따지자면 수백만 달러에 해당됩니다."

레니는 잠시 말을 멈추더니 법률 문서 비슷한 것을 내밀었다.

"비밀유지 협약서입니다. 먼저 서명부터 해 주시겠습니까?"

자신감은 온데간데 없는 말투였다. 나는 각서를 쳐다보지도 않은 채 레니 쪽으로 밀어냈다.

"레니, 나는 매달 열 번도 넘게 이런 자리를 갖습니다. 나는 동의서에 서명할 수 없습니다. 엉뚱한 누명을 쓸 수도 있을 테니까요. 뒤탈을 남기지 않는 것이 내 원칙이죠. 프랭크가 소개했다고 하니 그 친구가 보증한 셈으로 치죠. 만약 내키지 않는다면, 극비라고 생각하는 부분들은 얘기하지 마십시오. 프랭크 역시 그 동의서에 서명했을 리가 없을 텐데요. 안 그런가요?"

"아, 네. 그렇습니다. 저는 단지……."

레니는 잠시 아무 말이 없었다.

"좋습니다. 그럼 시작하겠습니다."

그는 바인더 노트를 열어 젖혔다. 회의에 참석하면 늘 볼 수 있는 프레젠테이션 자료였다. 그는 주머니에서 포인터를 꺼내 제목이 적혀 있는 페이지를 가리켰다.

"사업명을 'Funerals.com'이라고 했으면 합니다만, 오클라호마에 있는 장례업자가 이미 이 URL을 가지고 있더군요. 투자를 받는다면 도메인을 사들일 계획입니다."

Funerals.com이라니. 맙소사! 앞으로 어떤 설명이 이어질까?

"그렇군요."

제목 밑에 날짜와 '랜디 코미사를 위한 프레젠테이션'이라는 문구가 쓰여 있었다. 아마도 이 문장부터 큰 소리로 읽어주겠지?

"랜디 코미사를 위한 프레젠테이션"

"레니, 내용을 읽지 말고 간단하게 설명해주시죠."

"그렇게 하는 것이 더 좋으시다면 물론 그렇게 하죠."

그는 커다란 검은색 글씨로 '장례용품 사업계의 아마존 Amazon.com'이라고 쓰여진 페이지를 넘겼다.

처음 들어보는 아이디어군.

"기회를 잡으려면 서둘러야 합니다. 그렇게만 된다면 장례식 업계의 아마존이 되는 건 시간 문제죠."

레니가 설명을 시작했다. "큰 사업이 될 겁니다. 세계는 인터넷으로 이동하고 있습니다. 잠시 후에 그것에 대해 설명 드리죠. 상품들 역시 인터넷으로 이동하게 될 것입니다. 인터넷은 우리가 사는 방식을 바꾸고 있습니다. 그리고 사람들이 죽는 방식도 바꿀 것입니다. 이런 기회를 제대로 포착하는 사람만이 떵떵거리며 은행 문을 드나들 수 있겠죠?"

아니면 지옥 문을 드나들겠지.

"바로 우리가 그런 사람이 되어야 한다는 겁니다."

레니가 다음 페이지를 넘기자 '예상 수입'이라는 글자가 적혀 있었다.

"창업 후 1년이 지나면 1,000만 달러의 매출이 예상됩니다. 2년 후엔 5,000만 달러. 3년 후엔 껑충 뛰어 1억 달러를 벌 수 있을 겁니다."

레니는 극적 효과를 노리는 것처럼 잠시 말을 멈췄다.

"흥분되지 않나요? 어마어마합니다."

그는 대답을 기다리다 얼굴을 바짝 내게 들이대면서 음모를 꾸미는 사람처럼 낮게 속삭였다.

"대부분의 사람들은 부고, 장례식, 사랑하는 사람의 죽음과 같은 단어들을 말하고 싶어 하지 않습니다. 그러나 바로 그 점이 우리에게는 기회입니다. 이해되시죠? 또한 그 점이 아류 기업의 진입을 막는 장벽 또는 장애물 역할을 할 겁니다. 대부분의 사람들은 이런 사업을 하고 싶어하지 않으니까요. 선생님은 어떤가요?"

그는 나를 쳐다보았지만 솔직한 대답을 기다리는 눈치는 아니었다.

"만약 내 자신이 이 아이디어에 흥분되지 않았다면 저 역시도 이런 사업은 하지 않았을 겁니다."

레니의 프레젠테이션은 내가 들었던 수많은 그것과 다르지 않았다. 모든 사람들이 비즈니스의 틈새를 메우며 아마존이나 야후, 이베이가 되려고 한다. 반드시 그렇게 되거나, 하루아침에 수백만 혹은 수천만 달러의 가치를 벌어들인다고 말하는데 심지어는 수십억 달러를 거론하는 사람도 있다. 그리고는 매각이나 상장IPO으로 한몫 잡는다.

"이 사업이 왜 그렇게 매력적인지 아세요?"

나는 아무 말도 하지 않았다. 따뜻한 봄바람이 콘디토레이의 열린 문을 통해 흘러들었다.

"사람은 누구나 죽기 마련이죠. 바로 그것입니다. 저승사자와 세금은 피할 수 없다는 이야기도 있잖습니까? 부자든 가난뱅이든 상관 없습니다. 종교가 무엇이든, 어디 살든, 어떤 사고방식을 가지고 있든 상관 없습니다. 결국, 모든 사람은 언젠가 죽게 됩니다. 바로 이때 우리가 나서서 장례용품을 잘 고를 수 있도록 도와주는 겁니다. 장례용품을 사야 장례식을 치를 수 있을 테니까요. 그게 바로 핵심입니다. 이해되십니까? 사이트를 방문해서 잠깐 구경만 하고 가는 사람들은 우리 고객이 아니라는 겁니다. 우리 고객은 Funerals.com에 있는 물건을 실질적으로 구입하는 사람들입니다. 왜냐하면 모든 사람들은 죽기 때문이죠. 지인이 눈을 감으면 사람들은 죄책감을 덜기 위해서 마지막 쇼핑을 합니다. 값비싸고 마진이 많은 이런 물건들을 구입하게 된다는 말씀입니다."

그는 '물건들'이라고 말할 때마다 테이블을 치며 강조했다.

"이런 물건들, 값비싼 물건들을 말입니다. 그럴 수밖에 없습니다. 필수품이니까요. 이거야말로 세계에서 큰 시장 아닐까요? 세상 모든 사람들을 타깃으로 삼으니까요. 모두를 말입니다."

그는 극적 효과를 위해 또다시 말을 멈췄다.

"바로 이런 게 사업입니다. 꿈의 사업이죠. 왜냐하면 사람들에게 이 물건이 왜 필요한지 설득할 필요가 없으니까요. 소비자는 이미 알고 있습니다. 그 물건이 필요하다는 것을 말이죠. 모든 사람에게 해결책을 제시할 겁니다. 시장을 창출할 필요 없이 물건을 구입하도록 유도하기만 하면 됩니다."

나는 조심스레 커피숍을 둘러봤다. 레니는 콘디토레이에 있는 모든 사람들에게 비밀유지 동의서에 서명을 부탁해야 할 것 같았다. 물론, 그는 이 사람들을 다신 만나지 못할 것이지만 내게는 이곳이 집이나 다름 없기 때문이다. 코니가 눈동자를 굴렸다. 지금까지 수많은 창업 아이디어 설명을 옆에서 들은 덕분에 분위기를 정확하게 짚어 낼 수 있게 된 것이다.

레니가 다음 페이지를 넘겼다. 그림자 효과가 들어간 그래프로 그려진 '예상 성장률' 차트가 너무도 당당하게 하키 스틱 모양의 곡선을 그리고 있었다. 수입, 순이익, 수익, 고객, 시신 수 등 모든 분야의 증가로 단기간에 손익분기점을 넘길 수 있다는 뜻이었다. 레니의 차트는 인터넷 사업의 특징이 그러하듯, 수익은 무시한 채 순전히 매출에만 집중돼 있었다.

"3년 동안 1억 달러 정도는 아주 쉽습니다."

레니가 그래프의 최고점을 포인터로 가리켰다.

"이것이 얼마나 높이 올라갈지 누가 알겠습니까? 잠재력은 무한합니다. 그리고 3년 안에 빠지기 작전을 시작할 것입니다. 아마도 주식 공개 정도가 되겠죠. 주식시장의 동향에 따라 달라지겠지만. 아니면 기업을 매각할 겁니다."

"3년 안에 연 매출 1억 달러라니 만만치 않을 텐데요."

나는 이 말과 함께 내 경험을 들려주었다.

1980년대 말, 나는 소프트웨어 회사인 클라리스Claris의 창업자 중 한 사람이었다. 클라리스는 3년 만에 9,000만 달러에 달하는 매출을 올렸고 수익 또한 높았다. 스톡옵션이 9,000만 달러라고 하면 푼돈에 불과한 오늘날과 달리, 당시의 9,000만 달러는 실제로 가치를 존중받는 9,000만 달러였다. 엄청난 노력과 행운이 결부돼야 그런 수치가 가능하다는 것을 나는 누구보다 잘 알고 있었다.

"소프트웨어 판매요? 기분 나빠하지 마세요. 하지만 그게 뭔가요? 하나당 100달러요? 200달러? 이것은 한 건당 수천 달러예요, 수천 달러. 규모가 완전 다르다고요. 비교가 안 되죠. 게다가 이 수치는 미국시장만 놓고 봤을 때의 이야기예요. 아시겠습니까? 미국시장만을요. 그러나 사람은 어디에서나 죽어요. 단지 여기서만이 아니죠? 이거야말로 전 세계적이란 말씀입니다. 이런 상품의 세계시장 규모는 미국의 최소 3배, 혹은 4배는 될 겁니다. 그럼 수백억 달러쯤은 식은죽 먹기죠."

시신을 잘라서 콘도르 먹이로 던져 주는 옵션을 주문하는 티벳 사람의 모습이 갑자기 떠올랐다. 레니는 그 가격을 얼마로 매길까?

"제가 전적으로, 분명히, 진심으로 믿어 의심치 않는 절대적인 진리를 말씀 드리죠."

레니는 앞으로 몸을 숙이고, 그의 검은 눈을 나에게 집중했다.

"저는 이 수치들이 절대로 과장이 아니라고 생각합니다."

그는 '저'라고 이야기할 때마다 자신 가슴을 톡톡 쳤다.

"들어보세요. 누군가 언젠가는 이 사업을 시작할 겁니다. 의심의 여지가 없어요. 그렇다면 우리가 시작하자는 겁니다. 바로 우리가요."

레니가 답을 얻기 위해 질문을 던진 것은 아니라는 것이 분명했기에 나는 그의 극적 효과를 위한 침묵이 끝날 때까지 잠자코 기다렸다.

"게다가 이건 저 혼자만의 생각이 아닙니다."

그는 분석가와 경제 전망가의 의견이 적힌 곳으로 페이지를 넘겨 큰 소리로 읽기 시작했다.

"아마존의 창립자 제프 베조스, 4조 달러가 인터넷 시장으로 유입되고 있다."

나는 그만두라는 뜻으로 손을 들어 보인 뒤 그 글을 조용히 읽었다. 인터넷과 세계가 통합될 것이라고 주장하는 사람들의 세상에서는 터무니 없는 계획을 가지고 차세대 아이디어라고 부추기는 사기꾼들이 늘 있는 법이다. 그러나 베조스의 글은 읽을 만한 가치가 있었다. 하지만 아무리 보아도 장례식이나 관에 대한 단어는 어디에도 언급되지 않았다.

"최근에 장례식장에 가 본 적이 있으십니까?"

불쑥 레니가 묻자, 나는 그런 적이 없다고 솔직히 말했다.

"대부분 손윗사람 장례식이죠. 조사에 따르면 사람들은 장례식장이라면 질색을 한다고 합니다. 중고 소형차의 구입 가격을 결정하는 일만큼 무엇인가를 결정하기에 알맞은 곳이 아니죠. 기쁜 일 때문에 가는 것이 아니라 누군가를 보내고 작별을 고하기 위해 가는 곳이고, 살면서 스스로에게 한 번도 묻지 않았던 모든 불편한 질문들이 옆방에 숨어 있다가 불쑥 튀어나와 내 목을 조를 것 같기도 하죠. 숨을 거두면 어떻게 될까, 내세는 있을까, 다음 세상에 환생할 수 있을까?"

"만약 인터넷이 그런 질문에 대해 답을 알려준다면 그건 엄청난 사업이 될 겁니다."

"아, 답을 알려주겠다는 사이트가 있긴 합니다만 우리가 하려는 것은 그런 것이 아닙니다."

레니는 앞만 보고 달리는 사람이었다. 유머도 없고 호기심도 없으며 옆 테이블 사람을 곁눈질로 볼 여유도 없었다.

"이후 죄책감이 들기 시작하죠. 좀 더 전화를 드릴걸, 좀 더 자주 찾아 뵐걸, 좀 더 도와줄걸. 지금까지 했던 일들이 모두 부족하게만 느껴지겠죠. 그리고는 이렇게 말하겠죠. '아버지 가시는 길만이라도 부족함 없이 꾸며드릴게요.'"

그는 말을 멈추더니 성난 눈으로 나를 뚫어져라 쳐다 보았다. 내가 고통스러운 나머지 가장 비싼 관을 주문하거나 장례업자의 폭리를 모르는 척할 정도의 바보로 보이는 걸까?

"설명을 들어 본 적이 있으신가요?"

"당신의 설명이요?"

"아니요, 장례식장 영업사원이 유창하게 떠벌리는 말이요."

"아니요, 한 번도."

그의 얼굴이 밝아졌다,

"좋아요. 그럼 상황을 설정해 보죠. 갑자기 누군가가 죽었다고 상상해 보세요."

다시, 레니는 주위 사람들의 관심을 끌었다.

"선생님의 인생에 있어서 중요한 부분을 차지하던 사람이 세상을 떠났다고 치지요. 충격을 받겠죠. 슬픔이 북받치지만 장례식 준비를 해야 하는 사람은 선생님밖에 없습니다. 먼저 어디로 갈 건지 결정을 내려야 합니다. 한 번도 해본 적이 없는 일이니 낯설겠지요. 기독교나 유대교 신자라면 목사님이나 랍비를 찾아갈 것이고, 그럼 그분들이 장례업자를 소개시켜 줄 겁니다. 장례업자 측에서 그 대가로 헌금을 한다는 것은 널리 알려진 비밀이죠. 아니면 전화번호부를 뒤지겠죠. 또는 지난번에 어느 분이 돌아가셨을 때 어떤 장례업자가 참 잘 해줬다고 말해줄 지인이 있을지 모릅니다. 아무튼 삶의 등불이 꺼져 버린 듯한 기분에 눈물을 흘리며 장례업자를 찾아갑니다. 모두 비슷하겠거니 생각하면서 말입니다. 그들의 첫마디는 이겁니다. 성심껏 도와드리겠습니다. 과연 그럴까요? 그들은 당신이 문을 열고 들어선 순간부터 문을 나서기까지 팔 수 있는 모든 것을 생각할 겁니다. 화장하실 겁니까? 당연히 그러셔야죠. 1만 2,000달러짜리 관은 어떠신가요? 고인의 명복을 위해서 관도 같이 태워야지요. 그리고 뚜껑으로 밀봉할 수 있는 관도 있습니다. 아주 좋은 겁니다. 약간의 돈을 들이면, 지하에서 습기나 흙이 고인을 괴롭히지 않을 겁니다. 그런데 밀봉할 때 혐기성세균이 번식하기 쉽습니다. 시신이 부패되면……."

커피숍에서 할 이야기로는 약간 지나치다는 생각이 들었다. 앞으로 이 커피숍에 출입할 수 있을까?

"레니, 이런 식으로 장황하게 설명하지 말고 그냥 결론만 말씀해 주시죠."

나는 더 이상 전형적인 장례식장에 대한 설명을 듣고 싶지 않았다.

"잠깐만요."

두 테이블 너머에 앉아 있던 누군가가 말했다.

"세균이 번식하면 어떻다는 거죠?"

코니가 그 사람에게 조용히 하라는 사인을 보냈다.

"선생님은 아까 장례식장에서 어떻게 호객행위를 하는지 들어 본 적이 없다고 하셨지 않습니까? 조금 더 들어보시면……."

레니는 굴하지 않았다.

"아니요. 전 그런 경험이 필요하지 않아요. 대부분의 고객들도 경험이 없을 거예요. 장례식을 치렀다가 호되게 당한 적이 있는 사람만을 상대하는 사이트라면 과연 시장성이 있을까요?"

레니는 아랑곳하지 않은 채, 네 가지 색의 안내 책자를 펼쳐 보였다. 나는 쓴웃음을 애써 참았다. 갑자기 장례업자를 찾아온 고객이 되고 말았지만 그의 정신력은 존경스러웠다. 오로지 한 가지만을 목표로 한 그의 진정성에 좀 더 마음이 갔다. 오직 한 길밖에 모르는 레니를 보고 있자니 예전 생각이 났다.

수년 전 내가 실리콘밸리의 젊은 변호사였을 때, 중재 재판을 맡은 적이 있었다. 영화나 TV에서 보는 것과 달리, 실제 재판은 서로 안면이 있고 같은 클럽 회원이기도 하며, 함께 식사를 할 때도 있는 두 변호사가 화기애애한 분위기에서 진행한다. 변론은 프로 레슬링처럼 조작극에 불과할 때도 있다. 그러나 그 당시 나는 변호사로서 갖춰야 될 예의는 거의 염두에 두지 않았다. 나의 의뢰인을 위해서라면 설령 법정 안의 모든 사람들을 화나게 만들지라도 승소하기 위해 어떤 것이든 감수할 수 있었다. 나는 상대방의 주장을 일일이 반박한 것은 물론, 나중에 알게 되었지만 재판장의 친구이자 그 지방 변호사협회의 핵심인물이고 존경의 대상인 상대 변호사를 무례하게 대하기도 했다. 공판 후 그 사건의 수석 담당자였던 상사가 고개를 저으며 말했다.

"자네는 변호사로서 최악이군. 논쟁을 초월해 평생을 일한 분일세. 자네는 그분의 급소를 찔렀어. 아무 상관도 하지 않은 채 그냥 이기려고만 하고 있군."

그의 표정에는 감탄과 실망이 얽혀 있었다. 똑같은 전철을 밟은 적이 있는 선배의 칭찬과 책망을 받는 것, 이것이 청춘의 특권이 아닐까.

어쨌든 레니는 고집을 꺾지 않았다. 안내 책자에는 최근 인기 있는 각종 관들이 나열되어 있었다. 공단 안감이 있는 분홍색과 파란색 금속 관, 흰색 공단을 안감으로 댄 호두나무 관과 심지어 그리스풍의 대리석 관도 있었다. 그 모든 것들은 자동차처럼 각각 모델명이 있었다 평화로운 안식, 고독, 천국의 문 등등.

"손바구니Hand Basket라고 불리는 건 없나요?"

내가 물었다.

"손바구니요?"

"'순식간에 쓸모없어지다Go to hell in a hand basket'라는 말에 사용하는 그 손바구니요."

그는 눈도 깜박이지 않았다.

"이것을 보십시오. 이걸요."

그는 볼펜 두 자루를 꺼내 내가 보기 쉽도록 거꾸로 관의 가격을 각각 적기 시작했다. 이것은 발표자가 상대방의 시선을 고정시키려고 할 때 쓰는 수법이다. 지금까지 레니는 성장 곡선 꾸며대기를 보여주었는데 이제는 거꾸로 글씨 쓰는 마법까지 보여주었다. 내가 참을성 있게 기다려주기만 한다면 세상을 4차 행렬로 압축시킬 수도 있을 법한 사람이었다.

레니는 빨간색과 검정색 볼펜을 번갈아 사용하면서 열심히 숫자를 거꾸로 적어 나갔다. 삐뚤삐뚤하지만 알아볼 수 있는 가격표가 관마다 하나씩 적혔다.

"빨간색 숫자는 보통 장례업자가 책정하는 가격입니다."

그 숫자들은 약 1,000달러에서부터 수천 달러에 이르기까지 폭이 넓었다.

"검은색 숫자가 원가입니다."

그 숫자들은 모두 수백 달러, 몇몇은 500달러 미만이었다.

"이 사람들이 얻는 이익은 비상식적이에요. 비용의 13배에서 14배 정도 올려 가격을 책정하니까요. 사람들은 장례식 비용으로 몇 천 달러가 드는 것이 당연하다고 생각하지만 실상은 그렇지 않습니다."

만약 그 누구도 인터넷 쇼핑몰에서 장례용품을 구입할 생각이 없다면 그의 사업도 무의미하지 않을까?

"레니, 당신 사업의 이익은 어느 정도로 생각하나요?"

"넉넉하게 잡기는 하겠지만 장례업자처럼 바가지를 씌우진 않았죠. 이게 바로 기회 요소예요. 가격경쟁에서 장례업자들 우위에 있으며 수익을 챙기는 것."

"그렇다면 이건 가격인하 사업이군요. 가격으로 경쟁을 하겠다?"

그는 다시 뻗어 앞쪽으로 몇 페이지를 넘겼다.

"가격, 편리함, 정보. 지금은 정보의 시대입니다. 정보는 인터넷에서 제공되죠. 집에서 조용히 검색할 수 있는 제품 정보를 제공하는 겁니다. 대도시를 출발점으로 전국 곳곳의 가격 비교 서비스를 하는 겁니다. 법률상 장례업자들은 전화 문의 시 가격을 알려줘야 할 의무가 있습니다. 일일이 돌아다닐 필요 없이 전화 한 통으로 가격을 알아보는 겁니다."

그는 잠깐 멈췄다 다시 말을 이었다.

"때때로 전화로는 알려줄 수 없다면서 직접 들르라고 하는 사람들도 있겠죠. 이런 야비한 사람들을 처리하는 게 제 취미입니다. 예전에는 전화에다 대고 고함을 지르며 혼내곤 했죠. 하지만 이제는 고분고분 전화를 끊습니다. 대신 연방거래위원회FTC, Federal Trade Commission에 편지를 쓰고 복사본을 그쪽으로 보냅니다. 그 뒤에 다시 전화를 걸어서 화를 내면 저와 연방거래위원회의 공격을 동시에 받게 되죠. 일종의 원투 펀치예요."

괜찮은 방법이었다. 레니는 장례업계의 내막을 줄줄이 꿰고 있는 게 확실했다.

"꽤 설득력 있지 않나요?"

그가 물었다.

옆 테이블의 단골 손님 중 한 명이 빙긋 웃더니 머크The Merc의 경제면을 조심스럽게 접어 겨드랑이에 끼며 자리에서 일어섰다.

"매우 설득력 있군요, 젊은이. 저도 투자하고 싶은 생각이 드는걸요?"

그는 나를 보며 윙크를 하더니 햇빛 속으로 사라졌다. 레니에게는 그말이 투자유치 대장정 사상 최초의 성공일 것이다.

"사람들이 인터넷에서 그런 물건들을 구입하려 할까요?"

내가 묻자 레니의 눈이 반짝였다.

이런. 이제 인터넷에 대한 강의가 시작되겠지.

나는 딱 1초 만에 깨달았다. 그는 자세를 바로잡더니 '랜디 코미사를 위한 프레젠테이션' 바인더에서 몇 페이지를 넘겼다.

"인터넷이 세상 모든 것을 바꾸어 놓았습니다. 앉아서 주문하고 택배로 그다음 날 바로 받아 볼 수 있는데 책을 사러 서점에 갈 이유가 있을까요? 온라인에서 스케줄과 가격을 정하고 결제를 하면 공항에서 e-티켓을 받을 수 있는데 여행사에서 비행기 티켓을 살 이유가 있을까요? 컴퓨터에서 체크하기만 하면 정오까지 집으로 배달되는 우유를 동네 가게에서 살 필요가 있을까요?"

레니의 미래관을 듣다 보니 나는 집에 갇힌 죄수가 된 듯한 기분이 들었다.

"인터넷 수익을 그래프로 표시한 것도 있습니까?"

내가 묻자 레니는 나를 잡아먹을 듯이 노려봤다. 물론 농담이었다.

인터넷 기업 대부분이 수익 창출은커녕 수익 자체마저 화제로 삼길 꺼려한다. 그 누구도 인터넷의 어떤 분야가 진정한 가치를 지니는지, 어떤 사업모델이 궁극적으로 수익을 낳게 될지 알지 못한다. 모두들 자기가 걷는 길이 비옥한 땅이기를, 다른 사람보다 그 땅을 먼저 차지하기를 바라며 베팅할 뿐이다. 결국 시장의 선택에 맡긴 채 소작을 계속할 따름인 것이다.

"이해하지 못하시는 것 같군요. 제가 설명해 드리죠."

이 말과 함께 리허설을 거친 연설이 또다시 시작됐다. 그는 미세 설명 단위를 개발한 것이 분명했다. 지금 인터넷을 지배하는 경제이론 내지는 인터넷을 설명할 만한 경제이론이 존재하지 않는 이유에서부터, 똑똑한 기업들이 수익을 접어 둔 채 브랜드 구축과 영토 장악에 몰두하는 이유에 대한 설명이 이어졌다. 그는 인터넷으로 당장 수익을 올릴 생각을 하고 있는 기업에는 투자하지 않을 것이라고 말했다. 이것이 발전을 추구하느냐, 이익을 추구하느냐 등등……. 나는 문득 증권시장에 물이 새는 보트를 떠 있게 할 단타매매자의 수가 충분한지 궁금해졌다.

레니가 침 튀기며 이야기하는 동안 나는 콘디토레이 밖에 서 있는 상상을 했다. 창 너머에서 안을 들여다보며 저 침 폭탄을 맞으면서 앞에 앉아 있는 사람은 어떻게 움직이지도 않고 꿋꿋이 있는 것일까 궁금해하며 말이다. 탈출을 위한 나만의 비법을 공개하자면 심호흡을 하는 것이다. 들이마셨다, 내쉬었다, 들이마셨다, 내쉬었다.

그의 아이디어는 어떤 면에서 매우 흥미로웠지만 인터넷에서 상품을 판매한다는 기본 발상은 여느 아이디어와 다를 바 없었고 게다가 난해한 상품이었다. 내 신경을 건드리는 것은 레니의 굽힐 줄 모르는 의지가 아니었다. 사업을 시작하려면 그 정도는 기본이다. 약간 비이성적이고 분석이 불가능할 만큼 열정적이어야 한다. 불확실을 이겨 낼 수 있는 믿음 없이는 성공할 수 없다. 하지만 레니는 '집착'을 향해 가도록 세팅된 자동 장치 같았다. 프랭크에게는 레니와 이야기를 나눴지만 인연을 맺기 어렵다고 말해야 할 것 같았다. 그럼 프랭크가 알아서 결론을 내리겠지.

휴대폰이 울렸다. 나는 휴대폰이 없으므로 내 것이 아니었다. 이야기 도중 레니가 말을 멈췄다. 앞으로 이런 수법을 쓰면 무차별 공격을 저지할 수 있겠군. 벨이 다시 울렸다. 레니는 테이블 위에 놓여 있던 서류가방을 열더니 전화기를 꺼냈다.

"레니입니다."

그는 내게 양해를 구하지도 않고, 전화기를 든 채 문 쪽으로 걸어갔다. 무례한 사람을 상대할 때는 아무 말 없이 사라져도 실례가 되지 않는다. 나는 의자에 걸쳐 놓았던 재킷을 집어 들며 레니의 열린 서류가방을 마지막으로 쳐다봤다. 서류 뭉치와 각종 펜들, 집게로 고정시킨 가족 사진과 위장약 한 병이 보였고 집에서 만든 샌드위치가 포장지 사이로 고개를 내밀고 있었다. 참치 샌드위치일까? 음, 샌드위치를 싸 줄 만큼 그를 사랑하는 사람이 있나 보군. 또는 절약하기 위해 도시락을 들고 다니는 것일지도 모르지.

내가 코니에게 나중에 다시 오겠다고 말하니, 그녀는 내가 늘 앉는 자리를 맡아 놓겠다고 했다. 우리 둘 다 레니를 봤는데 그는 야외용 의자에 앉아 있었다. 지나가는 사람의 귀에 들릴지도 모른다는 생각은 못하는지 전화기에 대고 언성을 높이며 애원하고 있었다.

"잠깐만요! 받아들일 수 없다는 말씀인가요? 6개월은 함께하겠다고 하셨잖아요? 한 달만 더 여유를 주세요. 약속하셨지 않나요?"

"문제가 생긴 것 같군요."

코니가 나에게 말했다.

"돈 문제인 것 같네요."

내가 말했다.

"아뇨, 아닙니다. 정말 중요한 문제입니다. 제가 아버지 장례를 치르고 난 다음에 드린 말씀, 기억 안 나세요?"

레니가 고함을 질러댔다.

"아하! 주변에 돌아가신 분이 있었구나. 내 그럴 줄 알았지!"

코니가 말했다.

"무슨 말씀이십니까? 백 번이라니요? 코미사 씨가 스물여섯 번째인걸요."

레니의 고함은 여전했다.

"흠, 스물여섯 번째? 승진하셨군요. 다음부턴 더 좋은 테이블을 드려야겠어요."

"아뇨, 마음에 드는 눈치입니다."

다시 레니의 말이 이어졌다.

"보면 알아요. 마음에 들어 하셨다니까요. 지금은…… 프랭크 씨가 댈 겁니다."

"알겠네요. 집에 가서 돈을 가지고 오실 생각이시군요?"

코니가 물었다. 이제는 내가 눈을 굴릴 차례였다.

"제발, 한 달만 더. 딱 한 달만…… 부탁입니다. 제발……."

그는 말을 계속 이어갔지만 웬일인지 문 쪽으로 귀를 기울여도 어떤 말도 들리지 않았다. 그는 온몸에서 기운이 빠져나갔는지 말없이 구부정하게 앉아 있었다.

"괜찮을까요?"

코니가 나에게 속삭였다.

그는 휴대폰을 떨구고 고개를 숙인 채 가만히 앉아 있었다. 그의 모습은 좀 전의 레니가 아니었다. 아주 잠깐, 나는 그가 걱정되었다. 레니가 천천히 일어나 자신을 추슬렀다. 그러더니 다시금 휴대폰을 귀에 대고 말하기 시작했다.

"두 주만 더!"

그의 말이 또렷이 들렸다.

"마지막 희망인 스물여섯 번째 선생님. 정말 가시게요?"

코니가 나를 뚫어져라 쳐다보며 물었다.

"홍차 한잔 더 하시죠? 공짜로 드릴게요."

아마도 몰래 빠져나가야 할 순간을 놓친 듯했다. 다음 면담까지 시간이 좀 남아 있었고, 지금까지 늘어놓은 허풍으로 미루어 레니는 제법 수완 좋은 사람이었다.

나는 겉옷을 벗으며 코니에게 말했다.

"밖에 있는 친구에겐 무카페인이 좋겠군요."

2
게임의 법칙

THE MONK AND THE RIDDLE

잠시 의기소침해지기는 했지만, 레니는 금세 활기를 되찾고 부패한 세균에 대한 이야기를 다시 시작할 수 있는 사람일 것이다. 점심식사 도중에라도 말이다. 그런데 나는 왜 아직 여기에 있는 것일까?

몇 가지 이유 때문이었다.

내 할아버지와 할머니는 러시아 이민자였다. 어머니 쪽 친척들은 독일출신의 보트피플이다. 양가 조부모님 모두 새로운 미지의 땅을 찾아 고향을 떠났다. 비전 하나만을 믿고 용감히 승부를 걸었던 분들이다. 틀을 벗어나 꿈을 좇는 사업가와 이민자들에게는 공통점이 있다. 나는 믿음에 모든 것을 거는 사람들을 존경한다. 모험을 감행하는 사람들이 있어야 세상은 변할 수 있다. 이런 사람들은 불가능한 상황에도 미래에 베팅을 한다. 영웅이란 이런 게 아닐까?

이 밖에 간단한 이유가 또 있다. 살아 온 지난 시간 동안 아무것도 모른 채 의욕만 내세우는 바람에 대가를 치러야 할 상황에서, 오히려 도움 받은 적이 한두 번 정도 있었다. 그 후, 난 신념을 갖고 있는 사람이 겪는 고난을 이해할 수 있게 되었다.

레니에게 줄 커피를 들고 야외용 의자로 걸어갔다. 하루를 시작할 준비를 마친 상점들이 보였다. 여성용 부티크, 비디오 대여점 겸 우편 사무소, 와인 맛이 좋기로 유명한 주류 판매점 같은 상점의 주인들 모두는 콘디토레이에 들러 모닝 커피를 마시고 수다를 떤다. 아무리 뛰어난 인터넷 쇼핑몰이라 할지라도 조그마한 마을에서만 느낄 수 있는 이런 분위기를 제공할 수는 없을 것이다. 기술에는 한계가 있기 마련이다.

여전히 전화 내용을 생각하던 레니는 나를 보자 깜짝 놀라 벌떡 일어섰다.

"프레젠테이션 자료를 가져오겠습니다. 여기서 계속하시죠."

"레니, 앉아요. 그냥 이야기를 나누고 싶군요."

"프랭크 씨에게는 어떻게 말씀드릴 생각이십니까?"

커피를 홀짝이며 레니가 물었다. 그의 창백한 얼굴 위로 절망스러운 표정이 지나갔다.

"아직 잘 모르겠군요. 지금 프랭크와 통화한다면 Funerals. com이 어떤 사업인지, 또한 당신이 어떤 사람인지 잘 모르겠다고 할 겁니다."

레니는 이의를 제기하기 위해 몸을 앞으로 기울였지만 내가 중간에서 그를 잘랐다.

"레니, 나는 훌륭한 아이디어들을 직접 봐 온 사람입니다. 팜 파일럿, 웹TV, 인튜이트 등을요. 초창기에 그 아이템들은 고전을 면치 못했지만 수많은 회의론이 제기되는 상황에도 굴복하지 않았죠."

"고전을 면치 못했다고요? 제 아이디어에 관심을 보이는 사람들이 있습니다."

나를 설득하려는 자세로 다시 돌아가면서 레니는 이렇게 반박했다.

"정식으로 맺은 계약이 있나요?"

"아니요. 아직 없습니다."

"그럼 무슨 근거로 관심을 보이는 사람들이 있다는 거죠?"

"네다섯 분의 벤처캐피털 투자자들이 대단한 아이디어라

고 평가했습니다. 머지않아 다시 찾아오라고 했습니다. 믿을 수 있는 첫 번째 투자자만 찾는다면, 그 뒤로 줄을 이을 겁니다."

아, 역시 생각했던 대로군. 벤처캐피털의 종사자들이 대놓고 '아닙니다'라고 말할 확률은 제로였다. 그들이 '아닙니다'라고 말하는 경우는 일본인 영업사원이 '아닙니다'라고 하는 것만큼 드문 일이다. 회사를 나가면서 안내원에게 치근대거나 독일제 자동차에 스프레이로 낙서를 해 놓지 않는 이상, 늘 좋은 소리만 하는 것이 벤처캐피털 투자자들의 특징이다.

언젠가 어느 유명한 벤처캐피털 심사역에게서 그 바닥의 경쟁이 얼마나 치열한지를 들은 적이 있다. 한때 친구였던 사람들끼리도 계약을 성사시키기 위해 얼마나 치열한 작전을 펼치는지 말이다. 한번은 그가 어느 회사에 투자하는 계약을 맺으려다 흥미를 잃고 손을 떼려는데, 다른 벤처캐피털리스트가 접근을 시도하고 있다는 정보를 들었다고 한다.

"서둘러 투자 계약을 맺느라 발바닥에 땀이 날 정도였습니다."

"잠시만요. 별로 마음에 안 드는 계약이라고 했잖아요?"

내가 말을 잘랐다.

"그랬죠. 하지만 누군가 그 회사를 훔쳐 가도록 내버려 두기는 싫었죠."

이 이야기를 레니에게 들려주며 벤처캐피털 심사역들이 '아니에요'라고 말할 이유가 없지 않겠냐고 물었다. 아이디어가 개선될 수도 있고 그 중 관심을 보이는 투자자가 생기면 팔짱을 끼고 있던 사람들마저 달려들지 모르는 일 아닌가? 혹은 누가 알겠는가? 이번에 실패하더라도 다음 번에 크게 한 건 터뜨릴지도 모른다. 벤처캐피털 심사역 입장에서는 늘 협상의 여지를 마련해 두는 것이 당연하다.

내 말은 찬물을 끼얹은 것과 같았다. 레니는 등받이에 몸을 기대더니 입술을 깨물며 고개를 저었다. 레니도 지난 몇 달간 그럴지도 모른다고 생각했을 것이다. 다만 인정하지 않았을 뿐이었다.

"그들은 정말 관심을 보였습니다. 정말입니다." 그가 말했다.

"자, 실제 벤처캐피털리스트의 관점에서 Funerals.com을 살펴보도록 하죠. 그들은 창업에 대한 사업 아이디어를 들으면 먼저 기본적인 질문부터 합니다. 하나씩 짚어 보죠."

나는 그의 침묵을 동의로 받아들였다. 레니가 사업설명을 마저 끝내고 싶어한다는 것을 알았지만 지금 상황에서는 선택의 여지가 없었다.

벤처캐피털리스트가 궁금해하는 것은 세 가지다. 시장의 규모는 큰가, 제품이나 서비스가 시장 대부분을 점유할 수 있는가, 이런 작업이 가능한 팀원들이 구성되었는가?

벤처캐피털리스트들은 잠재력을 가진, 특히 인터넷 영역처럼 현재는 작지만 규모가 급속히 커지는 시장을 원한다. 소규모 시장을 목표로 삼으면 주가 폭등, 인지도 급상승 같은 기회를 잡을 수 없다. 벤처캐피털의 수익은 그들이 투자한 금액 대비 수익의 평균이므로, 고만고만한 회사 몇 개보다 확실한 한 개의 회사를 택한다. 시장의 규모가 크면 타깃이 약간 빗나가더라도 여전히 성공할 가능성은 물론 성장할 수 있는 여지가 있다. 하지만 소규모 시장에서 타깃을 잘못 잡았다가는 그대로 아웃이다.

"장례용품 시장은 그 규모가 얼마나 됩니까?"

레니의 조사에 따르면, 미국에서 매년 200만 건 이상의 장례식이 열린다. 평균 장례 및 매장 비용은 거의 7,000달러, 즉 전체 140억 달러 정도의 시장이라는 말이다. 그중 3분의 1 정도가 Funerals.com에서도 판매할 용품을 구입하는 데 쓰이는 비용이다. 그렇다면, 레니의 시장 규모는 40억 내지 50억 달러로 그 크기가 상당했다.

"당신이 생각하기에 전체 용품 중 얼만큼이나 온라인에서 판매될까요?"

"아마도 3년 후면 25퍼센트 정도요."

"레니, 뭔가 앞뒤가 맞지 않군요. 3년 후 예상 판매액을 1억 달러로 책정했던데, 온라인 장례용품 시장의 몇 퍼센트를 차지하면 1억 달러가 되는 건가요?"

"10퍼센트 가량이요."

"경쟁업체가 많을 것이라 생각하나요?"

"아니요. 한두 업체가 있겠지만 우리가 선두가 될 겁니다."

"시장 점유율 10퍼센트로 말인가요? 말도 안 되는군요."

전체 시장의 25퍼센트 정도인 12억 5,000만 달러 상당의 인터넷시장을 독차지하겠다는 것은 지나친 욕심이겠지만, 판매액 1억 달러로는 선두가 될 수 없다. 최고의 벤처캐피털 투자자들은 선두주자가 될 만한 가능성이 있는 기업에만 투자를 한다. 팽창하다 결국 균형을 찾아가는 대부분의 시장에서 흑자를 달성하고 주가가 오르게 되는 기업은 한두 곳에 불과하다. 따라서 처음부터 시장을 '장악'할 수 있는 사업계획을 세워야 한다. 만약 레니가 이런 식으로 구상을 하지 않으면 벤처캐피털리스트들은 계획을 설정하는 데 문제가 있거나 야망이 없는 것으로 판단할 것이다.

반대로 온라인 장례용품 시장이 예상했던 것보다 규모

가 작아 전체 시장의 10퍼센트 남짓일 수도 있다. 어느 쪽이든 레니에게는 문제였다. Funerals.com은 다른 인터넷 판매상이 직면한 것과 같은 문제에 부딪힐 것이다. 해당 상품의 소비자들 중 어느 정도가 인터넷으로 유입될 것인가? Funerals.com의 경우에는 지역 장례업자들이 장악하고 있는 시장을 어떻게 인터넷으로 돌릴 것인가 하는 문제에 직면할 것이다.

레니가 할 수 있는 일은 추측뿐이다. 그의 사업계획의 핵심에는 '베이비 붐 세대라면 부모님 세대보다 훨씬 적극적으로 인터넷 상점을 이용하지 않을까' 라는 가정이 깔려 있다. 그렇다면 당장 시장을 선점해야 베이비 붐 세대가 장례용품 시장으로 몰려 나올 때를 대비할 수 있다는 논리가 성립된다. 물론 나를 포함해 레니가 만난 사람들 모두 베이비 붐 세대지만 그렇다고 그에게 도움이 된 부분은 하나도 없을 것이다. 인간이라면 누구나 자신을 이성적이고 합리적인 사람이라고 생각하지만, 언젠가는 죽을 운명이라는 것을 생각하며 사는 사람이 과연 몇 명이나 있을까.

"인터넷으로 옮아갈 시장의 비율 예상치를 낮추면 프랭크 씨가 관심을 보일까요?"

레니가 물었다.

"꼭 그렇지는 않을 겁니다. 그랬다가는 타깃으로 예측한 시장 규모가 너무 작아질 수 있으니까요. 아무래도 예상 판매액은 너무 낮게, 시장 규모는 너무 높게 잡은 게 문제인 것 같네요. 즉, 판매목표는 작게 잡고, 잠재 시장은 과대평가했다는 생각이 듭니다. 선두주자가 될 가능성이 없거나 당신조차도 온라인 장례용품 시장이 작다고 판단한다면, 심사역들은 관심을 보이지 않을 겁니다."

"하지만 보수적으로 보아도 정말 이익이 많이 날 만한 사업 아닌가요?"

"좋아요. 그러나 사업계획에 '최악의 경우'도 가정해서 담아요. 아마도 그 계획이 약간의 위험 가능성을 줄여줄 거예요. 그 정도의 시장 점유율로는 투자자들의 관심을 끌 수가 없겠지만요. 모든 것을 고려해서 계획을 짜지 못할 거라면 이런 일은 하지 말아요. 경쟁업체가 생기더라도 선두를 놓치지 않겠다는 생각을 해야 합니다. 그렇지 않고서는 투자를 기대하지 말아야 합니다."

"그렇군요. 알겠습니다."

레니는 메모를 했다. 나는 포톨라밸리에서는 카페용 가구 역할을 하는 하얀색 플라스틱 정원 의자 위에 다리를 올려놓고 기다렸다. 그가 메모를 마치자 물었다.

"레니, 왜 이 사업이 근사한 아이디어라고 생각하죠?"

"시장도 크고 돈도 많이 벌 수 있기 때문입니다."

"그것이 세상을 변화시킬 수 있을까요? 삶의 방식에 변화를 줄 수 있을까요?"

"세상을 변화시키는 부분 말인가요? 비탄에 빠진 사람들을 상대로 돈 버는 악덕업자들의 소행을 막을 수 있습니다. 현재 시스템은 엉망이에요."

"오프라인에서의 중개 역할을 당신이 온라인으로 대체하면서 제품의 판매 방식만 바뀔 뿐이죠."

"그게 뭐가 잘못된 겁니까?"

"아뇨, 아마도 좋은 사업전략일지도 모르죠. 그런데, 5년 후에는 이 사업을 어떻게 전망하나요?"

"4억 달러? 5억 달러? 누가 알 수 있겠습니까?"

"결국 달라지는 것은 없는 거 아닌가요? 같은 제품을 같은 방식으로 판매하겠죠?"

"그렇습니다."

그는 뭔가를 놓친 것처럼 머뭇거리며 대답했다.

"그게 문제가 될까요?"

"꼭 그렇지는 않습니다. 일부 투자자들의 관점에서 보자면 말이죠."

"두 번째 질문으로 넘어가죠. 경쟁력은 얼마나 될까요? 유사 사업체들을 물리칠 만큼 독특하고 개성 있는 제품이나 서비스를 제공할 수 있나요? 시장을 다 차지한다고 해도 그 점유율을 지킬 수 있나요? 혹, 밤 새워 하고 있는 것을 다른 사람들도 하루아침에 모방할 수 있는 건 아닌가요?"

레니는 다른 곳에서 구입한 관도 장례식장 측에서 별도의 비용 없이 처리하도록 법률에 명시돼 있기 때문에 이런 사업이 가능하다고 답했다. 결국 다른 사람도 이런 사업을 할 수 있다는 말이었다. 인터넷 쇼핑사업의 특성상, 레니는 일반 장례업자들의 가격인하에는 한계가 있을 것이라는 가정을 두고 있다. 하지만 장례용품 마진율이 그렇게 높다면 일반 장례업자들이 어느 정도까지 가격을 인하할지 누가 알겠는가? 게다가 인터넷상에서의 경쟁 문제도 있다. 유사업체들의 진입을 막을 도리가 있을까?

그의 답은 역시 신통치 못했다. 경쟁업체의 진입과 성장을 막을 수 있다는 보장이 없었다. 이 사업의 관건은 속도였다. 인터넷 사업 본질상 당연했다. 그러나 Funerals.com이 인터넷 장례업 분야의 기틀을 마련하기 전에 대형 장의업체가 시장을 장악하거나, 좀 더 빠른 속도의 인터넷 경쟁사가 따라잡을 수 있었다. 레니가 실리콘밸리의 신종 캐치프레이즈인 '브랜드 확립'에 성공하기 전까지는 그가 진출한 사업영역에서 '안전한 천국'은 존재할 수 없을 것이다.

"사람들에게 인터넷 장례업이 있다는 걸 어떻게 알릴 생각이죠? Funerals.com의 브랜드를 어떤 식으로 확립하고 존재를 알릴 계획인가요? 전자상거래에 필요한 것은 전파, 인지도 형성, 노출입니다. 게다가 인터넷의 포털 역할을 하는 사람들의 텃세도 만만치 않을 겁니다."

레니는 사회복지기관, 병원, 종교계, 호스피스처럼 임종을 접할 기회가 많은 사람들과 함께 일할 계획이었다. 이 업종의 사람들에게 소개소 역할을 맡길 거라는 말이다. 하지만 과연 이들이 Funerals.com에 대해 사람들에게 알릴 거라고 보장할 수 있을까? 입소문만으로 충분할까?

"강요하는 사람도 없고, 낮은 가격에, 편리합니다. 그 분야에서 일하는 분들이 Funerals.com에서 쇼핑하는 게 훨씬 싸고 좋다는 걸 사람들에게 소개하겠지요."

"좀 전에는 '상을 당했을 때 사람들이 쇼핑할 마음이 나겠냐'고 하지 않았습니까?"

내가 지적하자 그는 또다시 종이에 무엇인가를 적었다. 다음부터는 그 부분을 거론하지 말자고 적는 거겠군.

"그럴 사람도 있고 아닌 사람도 있겠지요."

레니가 말했다.

"게다가 똑같은 조건을 제시하는 다른 업체가 등장하지 말라는 법도 없지요. 만약 그런 업체가 생기면 어떻게 하실 건가요?"

내가 다시 그 부분을 짚고 넘어갔다.

"회사가 이미 선두로 나선 상태이기 때문에 그 누구도 우리를 따라잡지 못할 겁니다."

선발 업체가 몇 가지 우위를 점하겠지만 이것이 얼마나 유지될지는 아무도 알지 못한다. 인터넷 시장의 핵심은 무시무시한 속도로 끊임없이 움직이는 것이다. 적어도, 전자상거래의 모든 사업은 그 영역을 방어하기 위해 어쩔 수 없이 가속도를 내야 한다. 그러지 못한다면 발 빠른 경영자에게 시장 점유율을 내주게 된다.

"그 부분을 보완한다면 프랭크 씨가 좀 더 관심을 보일까요?"

"꼭 짚고 넘어가야 합니다. 아주 기본적인 부분이니까요."

레니가 다시 메모를 했다. 내 홍차는 이미 차갑게 식어 있었다. 코니가 데워 주겠지. 나는 창문을 향해 몸을 돌려서 그녀를 향해 손을 흔들었다. 그녀는 일부러 다른 쪽으로 눈을 돌리며 못 본 척했다. 내 쪽을 쳐다보지도 않았고, 아예 나를 못 본 척했다. 이런, 배려심 하고는.

"세 번째 질문으로 가죠."

다시 레니 쪽으로 고개를 돌리며 말했다.

"팀원들 문제입니다. 선점하기 위해서는 발 빠르게 움직여야 합니다. 그러기 위해서는 어떤 사람들과 함께 일을 하냐가 중요하죠. 업무를 익힐 시간이 없으니 말입니다."

"좋은 팀원들이 있습니다."

그는 서류가방 속에서 사업계획서 사본을 꺼내 내게 건넸다.

"팀원들의 간단한 소개입니다."

하지만 레니 말고 확실하게 이름까지 나와 있는 팀원은 한 사람밖에 없었다. 대규모 장례식장 체인점에서 매니저로 근무하고 있으므로 그 분야의 전문가라고 할 수 있었다. 레니는 팀원 확보를 위한 통화 내용이 내 귀에까지 들렸다는 것을 전혀 모르는 듯했다.

나는 레니나 파트너에게 창업 경험이 없다는 것이 마음에 걸린다고 말했다. 이는 위험부담을 높인다. 창업은 독특한 과정이다. 실리콘밸리에서는 창업이 별다를 것 없는 일로 판단되지만, 사실 사업을 시작하는 일은 기존 회사들이 필요로 하는 것과는 매우 다른 기술을 요구한다.

사파리에 온 관광객처럼, 미국의 대기업 이사급 임원들이 밸리를 찾아와 이곳 원주민의 별난 방식을 돌아볼 때가 있다. 실리콘밸리의 벤처기업을 본받고자 시카고, 뉴욕, 댈러스에서 사람들이 찾아오지만 보통은 머리를 긁적이며 돌아간다. 한번은 세계적으로 유명한 포장용품 회사 임원진들을 이곳에서 만난 적이 있었는데, 그중 한 이사가 이렇게 고백했다.

　"이곳의 기업 경영방식을 배워 저희 회사에 적용해 볼 생각이었지만 근본적으로 우리와는 너무 다르군요. 제대로 배우려면 창업 경험이 많은 인재나 밸리의 투자자들과 함께 사업을 벌여 봐야 할 듯합니다."

　대기업에서 소규모 사내 벤처조직을 구성하려 할 때는, 창업가들처럼 끓어오르는 열정과 열의가 있는 사람을 먼저 내부에서 찾아야 한다. 회사 내 카페테리아, 사무직 직원들의 지원, 일자리 보장, 연금제도 그리고 큰 조직에서 제공할 수 있는 그 밖의 모든 지원 같은 방식은 밸리에 있는 벤처기업들에 부합되지 못한다.

　"저는 걱정하지 않습니다."

　레니가 되받아쳤다.

　"좋은 계획이 있고, 그 계획을 제대로 실행시켜 나갈 방법을 알고 있으니까요."

나는 레니의 사업계획서를 다시 한 번 훑어봤다. 시장조사, 고객의 욕구, 제품 전략, 경쟁 포지셔닝, 출시 계획, 예상 판매액, 비용 예측, 수익률, 필요 투자액, 감가상각비 등 꽤 잘 다듬어진 프레젠테이션이었다. 궁금해 할 부분은 1년차, 2년차, 3년차로 구분되고, 다시 각 분기별로 표시돼 있었다.

레니는 이 사업을 어떻게 운영할지에 대한 계획을 아주 상세하게 그리고 있었다.

하지만 예상하지 못했던 일이 벌어지면 그의 반응은 어떠할까?

레니는 일단 투자를 받은 뒤 계획대로 창업을 진행시킬 것이 확실했다. 그는 계획서에 모든 해답이 있다고 생각하는 것 같았다. 계획대로 '실행'하는 것, 그것은 대기업이 하는 방식이다. 매주 또는 매달, 아니면 매 분기에 한 번씩 임원진과 만나 계획대로 실행하고 있는지 진전 사항을 보고하는 형태처럼.

한때 나는 할리우드 재력가로부터 창업자금을 지원받은 벤처기업의 간부로 참여한 적이 있다. 이 기업은 혁신적인 제품과 서비스를 계획하고 있는, 소위 '놀라운 신세계Brave New World'를 창조하는 부류의 회사였다. (이 밖에는 '더 좋은 제품을 더 빨리, 더 싸게'라는 소박한 이름이 붙는다.) 이 벤처기업은 철저하게 새로운 제품과 서비스를 기반으로 삼고자 했다. 사업계획서는 매우 상세했지만 모든 계획이 검증되지 않은 가정에 근거해 작성돼 있었고, 실제 창업을 해 본 경험도 부족했다. 당연히 그 회사는 계획대로 운영되지 못했다. 유통을 맡은 파트너가 기대만큼 발 빠르게 움직여 주지못해 어떻게 해볼 도리가 없었다. 석유와 휘발유로 벌었던돈을 투자한 재력가는 회사가 기대에 미치지 못하자 불편한심기를 보이더니 결국 등을 돌리기 시작했다. 현명한 투자자였지만 기술 계통의 벤처기업을 겪어 본 적이 없었기에 그계통에 내재된 위험부담이 느껴지자 당황했던 것이다.

진땀 나는 간부회의가 또 한 차례 휩쓸고 지나간 뒤, 그 재력가의 측근 중 한 명이 자금 지원을 중단하겠다고 고함을지르며 경영진을 닦달하기 시작했다. 나는 그 사람을 조용히불러 '놀라운 신세계' 계열에서는 기존 시장도, 경쟁사도, 수익모델도 없이 말 그대로 즉석에서 사업을 개척해야 된다고설명했다. 원래 계획 그대로 팀을 유지시킨다는 게 오히려어리석은 일이라고 이야기했다.

"그들이 최선을 다해 이뤄 놓은 발전 모습을 보세요. 팀을이탈하는 사람도 없고 품질도 유지되고 있어요. 사업을 진행시키면서 학습하려면 융통성이 있어야 하고 늘 깨어 있어야 하죠. 이 시점에서는 계획대로 진행되고 있는지가 아니라 이런 것들을 성공의 잣대로 삼아야 합니다. 경영진들은 유통을 맡고 있는 파트너와 계약을 끝내고 대안을 모색하기 위해 노력하고 있습니다. 어떤 면으로 보나 이 팀은 일을 훌륭하게 해내고 있습니다. 계획은 원칙적으로 창업자가 똑똑한지, 제대로 된 사업계획을 가지고 있는지, 미래에 대한 어떤 비전을 가지고 있는지를 보여주는 증거로 필요한 겁니다. 결국, 사업전략상에 문제점이 있었는지 되짚어볼 때만 필요하다는 말입니다."

소리를 내던 그 측근은 내 말을 듣고 곧 화를 풀었지만, 막상 그의 상사는 요지를 이해하지 못했다. 결과적으로 나중에 그 회사는 5억 달러 이상에 매각되었지만 처음 투자한 재력가는 이미 발을 뺀 상태였다.

"레니, 사업을 계획대로 밀고 나갈 수 있을지 의심스럽군요. 변수들이 너무 많거든요. 이정표 없이도 길을 잘 찾아갈 사람을 물색해야 할 겁니다. 팀원의 구성과 그들이 갖고 있는 경력은 벤처캐피털리스트들이 중요하게 생각하는 부분입니다."

투자자들은 다른 무엇보다도 사람을 보고 투자한다. 따라서 팀원은 똑똑하고 지칠 줄 모르는 사람이어야 하며, 맡은 분야에 경력이 있고 융통성이 있어야 한다. 또한 빠른 지식 흡수력을 필요로 한다. 일단 창업을 하고 나면 시장에 대한 정보와 경쟁업체들이 넘쳐날 것이다. 이를 훑어 가면서 흐름과 방향을 잘 잡아야 한다. 심지어 대폭적으로 전략을 수정해야 할지도 모른다. 팀원은 불확실성과 변화를 두려워해서는 안 된다. 벤처캐피털리스트들이 창업 경험이 있는 사람, 혼란 속에서도 살아남은 경험이 있는 사람을 원하는 이유가 바로 이 때문이다. 그렇게 함으로써 실패에 대한 위험을 감소시킬 수 있으니까.

"저에게 자금을 지원하고 부족한 경험을 채워 줄 수 있는 벤처캐피털리스트를 만나면 모든 것이 해결될 겁니다." 레니가 말했다,

만약 레니가 팀의 부족한 경험을 투자자에게 의존하고자 한다면, 그들의 역할을 착각하고 있는 것이다. 이런 착각을 하는 사람은 레니 혼자만이 아니다.

벤처캐피털리스트는 투자라는 엄청난 판단을 요구하는 사업을 한다. 몇몇 파트너의 자금을 가지고 투자한 뒤 어느 정도 위험을 감수했느냐에 따라서 성과를 되돌려주는 것이 이들의 역할이다. 높은 수익률을 담보로 내걸고서 말이다. 그

대가로 벤처캐피털리스트 조직원들은 월급을 받고 계약 수수료를 챙긴다.

초창기에는 벤처캐피털리스트들도 투자를 성공으로 이끌기 위해 종종 소매를 걷어붙였다. 이들 대부분은 경영진 출신이었기 때문에 실질적으로 그들이 투자한 사업에 나름 공헌할 수 있었다. 요즘 기준으로 보면 이때의 투자액은 소소한 수준이었다. 그 덕분에 각 벤처기업에 경험을 전수할 여건이 됐던 것이다.

상대적으로 오늘날의 투자액은 어마어마하다. 때론 수십억 달러에 가까운 규모일 때도 있다. 투자자들의 귀가 솔깃할 만한 수익을 보장하려면 더욱 많은 기업에 더욱 많은 금액을 쏟아야 한다. 요즘은 심사역 한 사람이 여러 벤처기업에 관여하는 것도 흔히 볼 수 있다. 이들은 자신의 사업을 관리하는 것만으로도 벅찰 수밖에 없다. 즉, 투자한 기업의 경영 문제에 대해 세심한 신경을 쏟을 만한 시간이 없는 것이다. 물론 본인들은 아니라고 하겠지만 말이다. 더욱이 오랜 경영 수업을 쌓은 후 벤처캐피털리스트로 전업한 초기 벤처캐피털리스트들과 달리, 요즘 심사역들은 대부분 회사를 운영한 경험이 없다. 이들에게는 샌드 힐 로드와 월스트리트가 별 차이 없다.

위험을 자연스럽게 즐기고 넘치는 에너지를 가진 이 투자 군단들은 똑똑하고 성실하며 공격적이다. 이들은 투자기업에 자금뿐 아니라 도움이 될 만한 인맥까지 동원해 준다. 값비싼 차를 몰고, 고급 와인을 마시며 사치스러운 장난감을 수집하면서도, 정작 자신들의 사치스런 취미생활에 할애할 시간이 없다고 한탄하는 이들 '콘도르' 군단은 세상을 주무르는 월스트리트의 대가나 LA의 배우들과 비슷한 구석이 많다. 한 가지 차이점은 이들의 선택이 미래를 변화시킨다는 것이다. 월스트리트의 대가나 LA의 배우들이 정육점에서 구입한 차돌박이 스테이크를 즐기는 스타일이라면, 벤처캐피털리스트들은 직접 송아지를 키우고 살찌운 후 잡아서 바비큐를 만든다. 이들이 사라지면 실리콘밸리의 벤처 붐도 한낱 물거품으로 돌아갈 것이다. 이미 몇몇 벤처캐피털 기업들은 요즘과 같은 '문어발식' 투자에 한계를 느끼고 있으며, 이런 세태를 더 이상 따르지 않는 훌륭한 벤처투자기업들도 있다. 개별 투자기업에 벤처캐피털리스트가 아무리 신경을 쓰지 못한다 해도 새로운 경제의 주역인 것만큼은 사실이다.

과거 몇 년 동안 밸리에서는 새로운 아이디어와 자금이 부족하지 않았다. 하지만 경영 수업을 쌓은 경험 많은 인재가 없었다. 벤처 창업을 시작하는 사람은 자질과 경험을 필요로 한다. 일급 벤처캐피털리스트들은 신용을 바탕으로 미국의 유수 사업가들에게 접근한다. 밸리에서 더 많은 연봉을 얻을 수 있다며 말이다. 이런 사람들을 영입하면 순조롭게 출항할 수 있다. 하지만 대부분의 벤처기업이 겪게 되는 여러 종류의 곤경에 빠지면, 자산이 수천억 달러에 달하는 기업을 경영하던 이 뜨내기 사업가들은 벤처 사업이 적성에 맞지 않다는 사실을 깨닫게 된다.

순풍만 불어온다면 제대로 항해하지 못할 사람은 없을 것이다. 하지만 맞바람을 맞으며 물이 새는 배를 타고 먹을 음식과 마실 물도 없이 험난한 파도를 헤쳐 나가야 하는 게 벤처기업이다. 만약 레니가 Funerals.com을 위해 투자를 받는다면 곧 같은 문제에 직면하게 될 것이다.

"다른 창업자는 이 사업에 얼마나 열의를 보이고 있나요?"

내가 물었다.

레니가 나를 만난 후 처음으로 고개를 돌리며 말했다.

"그녀는 창업자금만 충분히 모이면 곧 합류할 겁니다."

나에게 거짓말을 하는 것일까, 혹은 그 자신을 속이는 것일까?

"자금이 얼마나 필요하죠?"

"기본적인 서비스와 유통망을 구축하고, 제조업자와 관계를 맺고 모든 것을 구체화하기 위해 500만 달러가 듭니다. 6개월이면 자리를 잡을 겁니다."

많은 금액을 투자하고 싶어하는 벤처캐피털리스트들의 욕구와도 맞아떨어지는 적당한 금액이었다.

"500만 달러에 원하는 회사평가액은 얼마죠?"

"2,500만 달러입니다."

"운이 좋아야겠네요."

나는 고개를 내저었다. 레니는 착각하고 있었다. 회사평가액을 높게 책정해 회사 지분 양도를 최소화하고, 그의 소유권을 극대화하려는 생각이었다. 밸리에서는 이것을 '지분 희석dilution'을 극소화하는 방법이라고 한다.

"2년째 되는 해에 매출 5,000만 달러가 되면 가능한 이야기입니다. 가능하다는 자료도 준비된 상태입니다."

"레니, 당신은 사업 아이디어, 함께 일할 팀원, 사업계획이 있을 뿐 독점 시장이나 핵심 특허처럼 획기적인 것을 가지고 있는 것이 아니잖아요. 게다가 과거 경험도 없고요. 당신은 기대치를 재조정할 필요가 있어요."

나는 설명을 시작했다. 회사가치평가액이란 위험부담과 대가가 얼마나 되느냐에 따라 결정된다. 분명 5,000만 달러는 사업 규모로서 의미 있는 수준이다. 하지만 사업이 실패하거나 계획보다 지연될 가능성은 얼마나 될까? 궁극적으로 성공하기 위해 얼마나 많은 돈이 필요할까? 앞으로 있을 희석현상도 함께 생각해 봐야 한다. 리더격 벤처캐피털리스트들은 이 단계에서 보통 40퍼센트 정도의 지분을 원한다.

만약, 레니가 500만 달러의 투자를 받을 때, 40퍼센트는 포스트 머니post-money 평가액을 말하는데, 이때 회사의 가치와 새로 유입된 자금을 합하면 전체 회사의 가치는 1,250만 달러 정도가 된다는 말이다. 여기에서 초기 투자금 500만 달러를 뺀 750만 달러가 프리머니pre-money 평가액, 즉 회사의 실제 가치다. 이것은 레니가 생각하고 있는 2,500만 달러에는 한참 못 미치는 수치다.

이곳 사람들 대부분은 회사평가액을 놓고 허풍을 치지만, 실리콘밸리는 그런 문화 속에 확장되어 왔다. 나는 자금을 모을 때 평가액을 최대치로 잡으면 안 된다고 누누이 강조한다. 그것은 잘못된 기대감을 주고, 결국 엉뚱한 투자자를 끌어들일 수 있기 때문이다. 올바른 투자자로부터 자금을 원하는 만큼 지원받고 싶다면 평가액을 적당한 한도 내에서 최대치로 잡아야 한다. 그들은 신용과 경험, 인맥을 가지고 있다. 또한 지속적인 열정을 가지고 지원을 아끼지 않을 것이다. 계약서상에 이들의 이름이 적혀 있는 것만으로도 회사의 가치는 상승한다.

투자를 유치할 때는 최소한도액을 설정하지 최대한도액을 설정하지는 않는다. 실리콘밸리처럼 치열한 시장 내에서는 최악의 상황을 감안해서 1년 동안 사용할 자금 규모 또는 예상되는 적자액 규모를 충당할 만큼의 자본을 모아야 한다. 그 금액에 6개월 정도 더 버틸 충분한 금액이 더해진다면, 아니 그 이상을 모을 수 있다면 더 좋다. 자본이 많아서 망했다는 회사는 한 번도 들어 본 적이 없다. 지분 희석은 무시할 수 있지만, 자본이 바닥나는 것은 치명적이다. 부풀리는 일 없이 투자자들에게 적당한 기대치를 제시한 뒤 그 기대치를 뛰어넘는 성적을 올려라. 좋은 쪽으로 가속이 붙기 시작하면 이후로는 더 쉽게 투자를 유치할 수 있다.

지분 희석현상에 집착하다 보면 투자금 유입을 줄이려 하고, 단계별 사업계획을 달성하기 위해 미친 듯이 달려들게 된다. 추가 자본 유치로 인해 지분 희석이 더 심해지기 전에 회사의 평가액을 높이기 위해서 말이다. 그러나 예상보다 실적을 올리지 못하거나, 심한 경우 시장의 상황과 조건이 달라져서 추가 자본 유치가 힘들거나 아예 불가능해질 수 있다. 이런 식의 장애에 부딪치면 소중한 기회는 저 멀리로 날아가 버린다. 회사가 한창 잘나갈 때 돈을 챙길 대로 챙기라는 말이 나온 이유도 이 때문이다.

레니는 몇 가지를 더 메모했다.

친구 두 명이 시끄럽게 입씨름을 하며 콘디토레이 안으로 들어왔다. 톰은 이베이가 주당 150달러면 싼 거라는 주장이었다. 스티브는 늘 그렇듯 17세기 암스테르담에서 있었던 튤립 거품에 대한 이야기를 늘어놓고 있었다. 둘은 매일같이 분명한 승자가 없는 논쟁을 벌인다. 톰은 몇 년 동안 인터넷 벤처기업에 투자한 결과 수백만 달러를 벌게 되었다. 스티브는 우량주와 뮤추얼 펀드에 투자했고 크게 재미를 보지는 못했지만, 결과는 두고 봐야 한다는 식이다. 두 사람은 마실 것을 들고 나가면서 손만 흔들었다. 내가 바쁘다는 것을 알고 있기 때문이었다.

"레니, 3년 후에는 매각을 하거나 주식을 공개할 생각이라고 했죠?"

"아마도 매각할 공산이 큽니다."

그의 설명은 약간 놀라웠다. 요즘은 인터넷 소매업을 하는 과정이 꽤 간단했다. 일단 창업자금을 모은다. 사이트를 만들어서 재미있고 유익한 콘텐츠와 함께 획기적인 할인율을 자랑하는 제품을 판매한다. 매출 신장과 소비자를 증가시키는 데 집중한다. 제품의 종류를 늘린다. 좀 더 빠르게 성장한다. 주식 공개를 한다. 매출과 이익이 폭락한다. 레니의 논리에 따르면 마이너스 마진으로 골치를 앓던 유명 인터넷 소매상이 장례용품처럼 필수용품이면서 마진율 높은 상품에 눈독 들일 수밖에 없으니, 필연코 2, 3년 안으로 Funerals.com을 대규모 인터넷 소매상에 매각할 수 있다는 것이다. 관을 파는 아마존은 상상이 안 됐지만 그게 중요한 것이 아니었다.

"그건 투자자들을 위한 전략인가요? 아니면 당신까지 염두에 둔 건가요?"

"저까지요?"

그는 내 질문을 이해하지 못하는 눈치였다. 그가 보기에는 자신 역시 투자자 중 한 사람일 테니까.

"그러니까 당신 역시 Funerals.com에서 손을 뗄 생각인가요?"

"네, 물론입니다."

"자금을 모으고 사업을 시작했지만 계획처럼 잘되지 않고 금반지는커녕 은반지나 구리반지도 얻지 못한다면 시간 낭비라고 생각이 들 것 같나요?"

"네, 낙심할 것입니다."

말로 표현하지 않았지만 말투나 표정으로 미루어 그건 완벽한 실패나 다름없다고 생각하는 눈치였다.

나는 잠시 생각에 잠겼다. 레니는 질문의 의도를 궁금해하고 있는 것 같았다.

"좋습니다. 이제 당신이 어떤 생각을 하고 있는지 감이 잡히는군요. 프랭크에게 제 의견을 전하도록 하죠"

"그에게 뭐라 말씀하실 겁니까? 제 사업에 동참하시는 겁니까?"

내가 참여하냐고? 생각해 볼 문제군. 시장이 크고 조금 특이하기는 하지. 사업계획서를 보면 장례 사업에 대해서 상당히 잘 알고 있는 것 같고. 누가 알겠는가? Funerals.com이 크게 성공하게 될지.

"프랭크에게 다음 단계로 넘어가서 필요한 절차를 밟아 볼 만한 것 같다고 이야기할 생각입니다. 프랭크도 저처럼 팀원이나 선발 업체로서의 기득권에 대해서 비슷한 질문을 던질 겁니다. 물론 결과는 두고 봐야겠지요."

"좋습니다!"

레니가 환한 얼굴로 벌떡 일어섰다.

"제 아이디어가 마음에 드셨다는 말씀인가요?"

"다음 단계로 넘어가 볼 만한 것 같습니다."

"그럼 선생님도 함께해 주실 건가요?"

내가 좋다고 악수를 청하면 레니는 몇 달 동안 머리를 짓누르던 먹구름이 걷히고 한 줄기 서광이 비치는 듯한 기분이 들 것이다.

"레니, 그럴 가능성은 없을 겁니다."

실망스런 표정이 레니의 얼굴 위로 스쳐갔다.

3
가상의 CEO

THE MONK AND THE RIDDLE

어떤 사람들은 나를 엔젤 투자자라고 부른다. 벤처 업계에서 엔젤 투자자란 씨앗 내지는 새싹 단계의 기업에 투자하고, 약간의 조언을 곁들이는 사람을 지칭한다. 즉, 그 회사를 도울 수 있는 특권을 누리는 대가로 자금을 지원하는 것이다. 하지만 나는 엔젤 투자자가 아니다. 나를 실리콘밸리의 새로운 투자자로 생각하고 있었던 레니도 이 부분이 헷갈렸던 모양이다.

"벤처캐피털리스트들의 관점에서 봤을 때 Funerals.com을 더 면밀히 살펴볼 가치가 있다고 하셨잖니까?"

내가 제의를 거절하자 레니가 따지듯이 물었다.

"프랭크 씨에게 그렇게 말씀하신다고 하셨죠. 그런데 왜 선생님은 참여하지 않겠다는 겁니까?"

"나는 벤처캐피털리스트의 방식으로 모든 것을 보지는 않아요."

내 의견이 그를 곧 쓰러뜨리기라도 할 것처럼 느껴졌을 것이다. 나는 1980년 초반부터 실리콘밸리에서 일했다. 밸리가 어떤 식으로 돌아가고 어떤 사고방식이 지배하고 있는지 잘 알고 있었지만, 늘 밸리식으로 행동하거나 생각하지는 않는다.

"만약 선생님이 제게 투자하는 데 관심이 없다고 말하면, 프랭크 씨도 그럴 것입니다."

풀이 죽은 얼굴로 레니가 말했다.

"그가 그렇게 말하던가요?"

창업 멤버들이 경험이 없어서 걱정이 된다 싶으면, 벤처캐피털리스트들은 그 방면에 노련한 사람을 보증인 식으로 영입할 생각이 없는지 묻는 경우가 있기는 했다.

"그런 말씀은 없었지만, 선생님께서 투자를 해 주신다면……."

나도 가끔 투자를 할 때가 있지만 함께 일하는 벤처기업에는 투자하지 않는다. 그랬다가는 회사 자체를 위한 장기적인 안목에서 생각하기 보다는 투자자의 입장에서 수익을 먼저 생각하게 될 가능성이 높기 때문이다.

나는 레니에게 벤처기업을 부화시키는 것이 내 역할이라고 말해 주었다. 나는 벤처기업에게 리더십과 경험을 제공하고, 아이디어를 성공적인 기업으로 발전시킬 수 있도록 도와준다. 그렇다고 투자자도 컨설턴트도 아니다. 고용된 인력이 아니라 파트너이자 팀원의 입장에서, 주인이자 지휘봉을 잡은 입장에서 회사를 지원한다. 그 대가로 동등한 관계를 부여받는다. 그런 관계하에 팀원처럼 생각하고 창립 멤버들과 함께 침몰하거나 헤엄치기도 한다.

몇몇 사람들은 나를 '가상 CEOVirtual CEO'라고 부른다. 몇 년 전, 스티브 펄먼이 웹TV를 창립했을 때 나도 도와주기로 약속했다. 처음에는 조언자의 입장으로, 나중에는 경영진의 일원으로 말이다. 웹TV 사업에 점점 깊숙이 관여하게 됐지만 공식적인 직책은 맡지 않았다. 그러던 중, 1996년 어느 날 스티브가 명함 하나를 건네줬다.

'랜디 코미사, 가상 CEO, 웹TV.'

정말 기발한 직함이었다. 그 후로 나는 한꺼번에 여러 회사 일에 참여하기 시작했다. 보통 1년 내지는 2년 정도를 투자한다. 그 정도 기간이면 창업자금을 모으고 상품이나 서비스를 개발하고, 시장을 파악하고 비즈니스 모델을 만들고 기본 원칙을 세워 쓸 만한 팀을 결성하기에 충분했다. 일단 팀이 자리 잡으면 나는 뒷전으로 물러선 채 다음 벤처기업에 적극적인 관심을 기울인다.

각 기업에서 내가 맡은 역할은 창업 멤버의 스타일과 사업의 종류에 따라 달라진다. 즉석에서 변화가 생기는 것이다. 사업계획과 중요한 의사결정에는 적극적으로 참여하지만 일상적인 경영에는 관여하지 않는다. 조직도상에서 이야기를 하자면 경영진을 감싸고 있는 얇은 보호막과 비슷하다고 할까. 벤처 사업을 시작하려면 과감한 실행력과 끊임없는 인내심이 필요하다. 이때 내 역할은 회오리바람 밖으로 고개를 내밀고 통찰력과 방향 감각, 안정감을 제시하는 것이다. 나는 각 기업을 도울 때마다 자금 확보, 전략 수립, 팀 구성 및 지휘, 중요한 관계 수립, 상품 및 서비스 개발, 상품 및 서비스 시장화, 계약 성사 면에서 내가 알고 있는 경험을 모두 쏟아붓고 모든 인맥을 총동원한다.

훌륭한 사업가란 열정과 비전이 있고, 한두 가지 특출한 재능을 가지고 있는 사람을 말하지만 맨 땅에서 회사를 일궈 본 경험이 있는 경우는 거의 없다. 내 역할이 바로 그 틈을 메우는 것이다. 회사가 내린 결정을 결과적으로 책임지는 사람은 실질적인 CEO다. 가상 CEO인 나는 필요할 때마다 길잡이 역할을 하고 리더십을 빌려줄 뿐이다. 시행착오를 거칠 여유가 없다고 판단되면 아주 노골적인 충고를 하기도 한다. 하지만 책임자는 CEO다. 나는 CEO의 성공을 돕기 위해 존재하는 것뿐이다.

벤처 창업을 도울 때 내가 중점을 두는 부분은 창업 멤버로서 그들이 가지고 있는 비전에 있다. 상장한 기업에 몸담을 때는 투자자에 대한 기본적인 의무를 다하지만, 비상장 벤처기업에서는 창업 멤버보다 투자자들을 우선시하지 않는다. 아마도 내가 벤처캐피털리스트들과 다른 점이 바로 이 부분일 것이다.

"레니, 여기서 몇 가지만 확실히 합시다."

내가 입을 열었다.

"우선, 왜 당신이 Funerals.com을 시작하려고 하는지 알고 싶군요."

"벤처 시장에서 저도 성공할 수 있다는 걸 보여주고 싶어서입니다. 그리고 부자가 되기 위해서요. 그 밖에 뭐가 있겠습니까?"

"좋습니다. 그러나 돈을 벌면 무엇을 할 생각인가요? 이자나 챙기며 살기에는 너무 젊잖아요."

그는 어깨를 으쓱했다.

"하고 싶은 일들이 몇 가지 있긴 합니다."

아, 문제의 핵심이군.

"돈을 벌고 부자가 되는 것도 나쁜 건 아니죠. 하지만 평생 직업으로 삼고 싶은 '다른 일'이 있다면 이야기가 달라집니다."

나는 그의 사업계획서를 가리키며 이야기를 이어나갔다.

"내 경험상, 만약 돈 때문에 이 일을 시작한다면 닭 쫓던 개 신세를 면치 못할 겁니다. 돈은 결코 그렇게 따라오지 않아요. 뭔가가 더 있어야 합니다. 상황이 최악으로 치달을 때 나를 지켜줄 만한 목적의식 같은 것 말이죠. 실패하더라도 이 일에 엄청난 시간과 노력을 쏟을 만한 가치가 있는, 그런 것이 있어야 한단 말입니다."

그는 서류를 정리하기 시작했는데, 아마도 생각할 시간을 벌기 위해서일 것이다.

"제가 놓친 것이 뭡니까?"

그가 불쑥 내뱉었다.

"여기서는 다 이런 식 아닌가요?"

"적어도 나는 이런 식의 접근방법에 관심이 없습니다. 그저 재산이나 늘리는 일에 투자할 만한 시간도 없습니다. 평범한 회사를 차려도 굴러는 가겠죠. 그러다 어딘가에 인수당

해서 돈을 벌 수도 있겠죠. 그런 생각으로 밸리에서 탄생한 벤처기업의 수가 얼마나 많은지 정확히 아는 사람은 아무도 없을 겁니다. 대부분 단순히 상품이나 서비스를 제공하는 회사일 거예요. 그게 이곳의 생리이지만 그저 돈이나 버는 게 목적인 회사에 나의 에너지를 투자할 생각은 없습니다. 레니, 이상을 낮게 잡으면 평범한 회사로 전락할 수밖에 없습니다."

콘디토레이 안은 어린아이들이 떠드는 소리로 가득했다. 한두 명의 아이는 커피숍 안을 정신없이 뛰어다녔고, 북유럽 출신 보모들이 그 뒤를 쫓느라 진땀을 흘리고 있었다. 그 사이로 1980년대 중반, 애플에서 함께 알고 지내던 친구인 사라의 얼굴이 보이기에 다가가 인사를 나눴다. '스컬리' 시절에 엔지니어링 계열 부사장이었던 사람과 결혼한 그녀는 두 자녀와 함께 이 근처에 살고 있다. 승마를 좋아하던 친구였는데, 지금은 아이들 때문에 정신이 없는 모양이다. 콘디토레이에서나 가끔 만날 수 있는 그녀였다. 날이 갈수록 쑥쑥 자라는 그녀의 아이들을 볼 때마다 얼마나 많은 세월이 흘렀는지를 느낀다. 조심해야지. 여기 밸리에서 늙어 갈 계획은 없으니까.

나는 사라에게 레니를 소개시킨 뒤 테이블로 돌아가서 앉았다. 그녀는 조만간 꼭 만나자는 말을 하며 차를 세워 놓은 곳으로 걸어 갔다.

"글쎄요."

레니가 말했다.

"솔직히 말씀 드리자면 무슨 말씀인지 이해가 안 됩니다. 그냥 아이디어가 좋지 않다, 너무 소름 끼친다, 넥타이가 그게 뭐냐 이런 식으로 말씀하실 줄 알았습니다. 여기는 실리콘밸리 아닌가요? 부자가 되기 위해 오는 곳이죠."

그렇지, 그렇지. 사업가들의 도박장. 이 바닥의 생리를 모르는 사람들은 없었다. 벤처자금을 모은 뒤 고리대금업자마저 감동할 만한 이자를 쳐서 돌려주는 곳.

"나는 지금 실리콘밸리에 대해 말하는 것이 아닙니다." 레니에게 말했다.

"제가 당신 사업에 관심이 있냐고 물었지요? 사업을 들여다볼 때, 어떤 방식으로 보는지 저만의 관점에 대해 말씀 드리는 겁니다."

레니는 눈썹을 치켜 세웠다. 그는 아마도 이곳을 찾아오기 전에 비밀조직의 집결지에 뛰어드는 심정으로, 비밀신호며 암호를 미리 다 배워 놨겠지. 하지만 분명 나에게 먹혀들지 않을 헛수고일 텐데.

"이런 사업은 안 된다는 말씀입니까? 포기하라는 말씀입니까? 선생님의 생각은 그런 겁니까?"

그는 화가 난 듯 물었다.

"그렇지 않습니다. 난 누구에게도 포기하라는 이야기를 한 적이 없습니다. 그 일에 관여하고 싶지 않거나 아이디어가 실망스럽거나 은행계좌를 빈털터리로 만들지 모른다 싶더라도 그만두라고 하는 말은 절대 하지 않습니다."

"그렇다면 선생님의 의견을 듣고 싶습니다. 저희와 일을 같이 안 하시더라도 창업자금이 준비되면 전망이 어떨지는 말씀해 주십시오."

"레니, 이 사업의 관건은 가능한 많은 자금을 가지고 빨리 시작하는 겁니다. 온라인 장례용품 시장에 기회가 있다 싶으면 그 기회를 빠르고 완벽하게 포착해야만 합니다."

"옳은 말씀입니다. 인터넷에서의 사업 흐름이 바로 그렇습니다. 시장을 장악하려면 선생님의 말씀처럼 오늘 당장 전력질주를 해야 합니다."

그의 추진력만큼은 높이 살 만했다. 게다가 최근 밸리의 분위기와도 잘 맞아떨어졌다. 지난 몇 년간 투자 금액과 계약 규모, 벤처기업의 수가 늘어나면서 새로운 투자 모델이 탄생됐다. 기업이 창업의 테이프를 끊자마자 가장 빠른 로켓에 실어서 우주로 멀리 날려 보내는 것. 운이 좋으면 까마득하게 멀리 날아가는 것이고, 그렇지 않으면 공중에서 폭파하는 것.

"그렇게 간단한 문제가 아닙니다." 약간 빈정이 상했다.

"무슨 말씀이십니까?" 레니가 궁금하다는 말투로 물었다.

"잽싸게 움직이면 안 된다는 말씀이십니까?"

"레니, 당신은 지금 널리 알려진 상품을 기존 시장에서 판매하는 사업을 구상하고 있습니다. 경쟁자가 누구인지도 이미 밝혀져 있는 상태죠. 일단, 일반 장례업자가 경쟁 상대일 테니까요. 그 말은 곧, 더 좋은 제품을 더욱 빠르게, 더욱 싸게 파는 회사가 돼서 일반 장례업자들이 차지했던 자리를 빼앗아야 한다는 뜻이 됩니다. 여기서 가장 불확실한 점은 소비자들이 과연 이 물건을 인터넷에서 살 것인지에 대한 여부입니다. 위험 부담이 크긴 하지만 그렇다고 아주 불가능한 문제는 아닙니다. 아무튼 Funerals.com에는 로켓 모델이 제격인 것 같습니다. 로켓을 달고 최대한 멀리, 최대한 빠르게 날아가야 합니다."

"그런데 어떤 점이 간단하지 않다는 말씀인가요?"

나는 두 가지 요소를 설명했다. 첫 번째는 로켓형 인터넷 기업 모두에게 내재된 문제다. 지금과 같은 사업 초창기에는 선발 주자가 곧 승자라고 단정짓기 힘들다. 시야 자체가 너무 한정되어 객관적인 판단이 불가능하기 때문이다. 그 예로 3DO의 경우 소위 차세대 비디오게임에 최초로 뛰어든 기업이지만 후발 주자인 소니와 닌텐도에게 완벽하게 따라잡혔다. 이와 비슷한 경우는 자주 목격된다. 인터넷 벤처기업의 열풍 속에서 선발 주자가 기득권을 계속 유지할 수 있을지는 어느 누구도 장담할 수 없다. 먼저 시작하는 것보다는 알맞은 시장을 골라서 제대로 시작하는 것이 훨씬 더 중요할지 모른다.

"두 번째는 상품이나 시장에 대해 잘 알려졌음에도 불구하고 여전히 미지수로 남아 있는 부분들이 존재한다는 점입니다."

벤처기업들 대부분이 그렇듯 Funerals.com도 일단 시작해 보기 전까지는 알 수 없는 부분들이 내재되어 있다. 인터넷에서 장례용품을 구입하는 사람들이 과연 얼마나 될까? 여러 가지 미묘한 감정을 불러일으키는 이런 상품의 전자상거래가 과연 이루어질 수 있을까? 어떤 사람들이 이것에 관심을 보일 것이며, 이들은 어떤 상품과 어떤 서비스를 원하게 될까? 소비자를 만족시키려면 각 지방의 장례식장과는 어떤 식의 관계를 맺어야 할까?

"어느 누구도 이 이슈들에 대해 명쾌한 결론을 내릴 수 없을 겁니다. 하지만 성공을 하려면 꼭 짚고 넘어가야 할 문제들이죠. 그렇지 않다가는 로켓이 엉뚱한 방향으로 날아가 폭발할 수도 있고, 연료가 바닥날 수도 있으니까요."

레니는 회의적이었다. 제대로 날아가고 있는 로켓이 그가 아는 것만 해도 족히 대여섯 개는 될 테니 말이다.

사실 로켓식 투자 모델이 요즘 잘나간다는 벤처기업들을 있게 한 산파 역할을 한 것도 사실이다. 하지만 좀더 오랫동안 그 기업들을 배양했다면 더욱 가파르게 성장했을 기업들도 많다.

벤처기업에 엄청나게 많은 돈이 빠른 시간에 투자되면 실수할 틈이 처음에는 생기지 않는다. 상품 생산이나 시장 점유가 제대로 이루어질 수밖에 없다. 그런데 이런 식으로 시작한 기업은 잠시 걸음을 멈추고 재정비할 시간이 없다. 그러다 탄력을 잃는다. 시장 인지도, 자금 지원을 받을 수 있는 기회, 합작 사업, 인재 등용 면에서 결정적인 역할을 하는 '탄력'을 말이다. 이름만 들어도 끔찍한 '새 출발'을 한다는 것, 즉 회사의 가치를 절하하고 새로운 방향을 모색하기 위해 다시 자금 모집을 시작하는 것은 지금까지 이루어 놓은 일들이 모두 물거품이 됐다는 것을 뜻한다. 창업 멤버들의 처지는 오죽할까? 이 정도로 상처 받은 기업은 자산에 해당되는 금액만을 받고 매각되거나 공중분해되고 만다.

창업을 할 때, 아주 신중하게 걸음을 옮겨야 하는 경우도 있다. 전혀 새로운 세상을 만들려고 도전하는 회사라면 더욱 그렇다. 그들을 이끌어 줄 전례가 없기 때문이다. 한동안 시행착오를 겪으면서 그들만의 방법을 모색할 필요가 있다. 이런 기업의 일을 도울 때면 나도 방법이 달라진다. 내 목표는 상한가를 치는 게 아니라, 회사를 가장 효율적으로 이끄는 데 있기 때문이다. 지금 내가 몸담고 있는 벤처기업의 예를 들어 보자. 인터넷에서 신종 마케팅, 홍보 서비스를 제공하고 있는 회사로 시장이 언제, 얼만큼 발전할 수 있는지는 아무도 모른다. 일반적인 벤처캐피털리스트들이라면 일단 돈을 쏟아부은 뒤에, 이 회사가 고객 관리와 서비스에 대한 경험을 충분히 쌓기 전부터 빨리 달려 보라고 강요할 것이다. 나라면? 시장을 가까이 접할 수 있고 잠재 고객들로부터 의견을 들을 수 있으며 몇 번의 실수 정도는 감당할 수 있도록, 당분간은 작은 규모와 융통성 있는 태도를 유지하라고 충고할 것이다.

교훈을 얻으려면 실수를 딛고 일어설 줄 알아야 하고, 성공을 거두려면 그 교훈을 배울 수 있어야 한다. 일단 시장 파악과 제품 개발이 완벽하게 끝나면 그때부터 더 열심히, 더 빠르게 움직인다. 이 과정을 거친 결과 시장성이 없다고 판단된다 하더라도 쓸데없는 지출을 미연에 방지한 셈이다.

"레니, 제가 한 말을 오해하지 말아요. 저도 발 빠른 움직임에는 찬성입니다. 로켓이 방향을 제대로 잡는 경우도 있습니다. Funerals.com도 그럴지 모릅니다. 하지만 그렇지 않을 수 있다는 걸 말씀 드리는 겁니다. 앞으로도 당신은 꼭 이 부분을 짚고 넘어가야 합니다."

시계를 봤더니 슬슬 움직여야 했다. 나는 자리에서 일어섰다.

콘디토레이는 아침나절 중 한가한 시간이었다. 손님이라고는 진절머리 나는 고객들을 맞이하기 위한 준비로 카페인을 마시며 전의를 다지는 몇몇 부동산 중개업자들뿐이었다. 수백만 달러에 달하는 건물을 중개하려면 얼마나 진이 빠질까? 다행히도 부동산 시장에서는 수요가 공급을 훨씬 웃돈다. 집을 구하지 못해 안달 난 사람들은 몇 군데 전화를 걸다 포기하고는 쉽게 항복한다. 마음에 안 드는 집이라도 구할 수 있는 게 어디냐고 감지덕지하면서 말이다. 그중 아는 얼굴이 보이기에 인사를 했다.

"아, 코미사 씨, 당신을 위한 물건이 하나 있어요, 매우 조용한 곳이죠. 산등성이에 자리잡은 근사한 아시아풍 주택인데요. 당신에게 살짝 보여 줄 수 있어요."

"샘, 집 문제 말고도 걱정해야 할 일들이 산더미인걸요. 게다가 지금 살고 있는 집값도 아직 남아 있고요. 관심 있는 사람이 있는지 다른 구매자를 찾아보세요. 그 물건을 팔려면 적어도 이 안에서는 안 될 거예요."

레니는 아직 테이블 위에 놓여 있던 사업계획서에 손을 얹으면서 다시 한 번 말했다.

"계획서 한 부를 가져가시죠. 만약 시간이 되시면 다시 얘기를 나누고 싶습니다."

나는 그것을 받아 들기는 했지만 다시 훑어볼 가능성은 없었다. 1년에 백 건도 넘는 사업계획을 듣는 나로서는 일일이 검토할 시간이 없었다.

"저는 포기하지 않을 겁니다. 예전에도 어려움을 겪었지만 제 손으로 해결했으니까요."

계획서를 정리하면서 레니가 말했다.

"다행이군요."

내 말은 진심이었다. 레니에게는 사업가다운 기질이 있었다. 거대한 장애물을 과속 방지턱 정도로 바꿀 만한 꿋꿋한 의지와 정신력도 있었다.

그는 서류가방을 열더니 두툼한 서류철 하나를 꺼냈다. 사업계획이라고 적혀 있었다. 온갖 서류가 잔뜩 들어 있었는데, 두께가 몇 센티미터는 돼 보였다. 그는 서류철의 무게를 짐작해 보는 눈치였다.

"이 계획서가 여섯 번째, 아니 일곱 번째 버전입니다. 프레젠테이션에서 미처 생각지 못했던 질문을 받을 때마다 보충을 했죠. 오늘밤은 비행기 안에서 수정해야 할 것 같습니다."

바람이 휙 불어오더니 몇 페이지들을 열어젖혔다.

"레니, 궁금한 게 있는데요. 어떤 계기로 장례용품을 판매할 사업 아이템을 선택한 거죠?"

날아가지 않도록 서류를 잡고 있는 레니를 보며 내가 물었다.

"문제점투성이인 기존의 장례 시장을 보고 생각하게 됐습니다. 인터넷을 활용하면 그 문제점을 해결할 수 있을 것 같더라고요. 게다가 경마로 치자면 다른 말들은 저보다 속도가 느릴 테니까요."

죽은 사람들만 태우다 보니 그렇게 된 거겠군. 어쨌거나 그럴 듯한 대답이었다.

그의 대답은 청산유수였다.

"그러니까 쓸 만한 인터넷 사업을 찾다 보니, 이게 생각나더란 말씀입니까?"

서류철을 치우던 그는 이 질문을 듣고 잠시 멈칫했다.

"장례식장의 문제점을 겪었던 경험이 있기 때문이라고 해 두죠."

그는 깍지 낀 손을 테이블 위로 올려놓더니 나를 가만히 쳐다봤다.

"이것은 그 문제점에 대한 일종의 복수군요."

내가 말하자 레니는 잠시 생각하는 눈치였다.

그는 잠시 그것을 생각했다,

"정의를 실현하는 수단이라는 게 더 맞을 것 같습니다."

그는 자리에서 일어나 내 눈을 똑바로 쳐다봤다.

"개인적인 질문을 드려도 되겠습니까? 프랭크 씨 말씀으로는 이쪽 방면에서 상당한 성공을 거두셨다고 하시던데, 괜찮으시다면 떠나기 전에 한 가지만 여쭤보겠습니다. 돈을 버는 데는 별로 관심이 없으시다면서 선생님께서 이 일을 하고 계시는 이유가 뭡니까? 이렇게 힘든 일을 말입니다."

"쉽게 대답할 수 있는 문제가 아니군요."

어떻게 설명해야 할까?

세월을 거치면서 나는 사업이라는 것이 돈을 버는 게 아니라 창의력을 펼치는 것이라고 생각하게 됐다. 회화나 조각처럼 개인의 재능을 표현하는 캔버스와 같은 것이라고 말이다. 왜냐고? 사업의 핵심은 변화이기 때문이다. 사업과 관련이 있는 것들 중에서 변하지 않는 것은 없다. 시장은 달라지고 제품은 발전하며 경쟁사는 동지가 되고 직원들은 들어왔다가 나간다. 뭔가를 붙들고 유지하려는 모든 것을 위협하는 '레니의 아들'들이 존재하는 곳이기도 하다.

기업은 변화에 대처하는 방법을 가르치는 몇 안 되는 사회 기관이다. 사회가 발전하면서 교회는 사양길로 접어들었고 물질주의에 상당수가 무릎을 꿇었다. 정부는 유권자들의 이익을 도모하는 기관으로 전락했다. 이제 남은 곳은 회사뿐이다.

하지만 기업 역시 탐욕과 공격성에 얼룩진 나머지 기껏해야 생산성에만 집착하고 있다. 사이비 다윈주의에만 몰두한 나머지 다른 기관들처럼 사회에 별 도움을 주지 못하고 있기도 하다. 하지만 그렇다고 해서 기업마저 포기할 일은 아니다. 나는 기업이 소수의 행운아가 아닌 다수를 위해 사회를 간접적으로 발전시키는 하나의 방법이라고 생각한다. 그 한계를 인정하고, 이를 긍정적으로 활용할 길을 모색해야 한다. 미국에서 기업의 법칙은 물리학의 법칙과 같아서, 태생적으로 선악이 결정되는 것이 아니라 적용하기 나름이다. 기업을 건설적인 방향으로 몰고 갈지, 파괴적인 방향으로 몰고 갈지를 결정하는 주체는 바로 인간이다. 나는 사람들이 이런 사실을 깨닫고 일을 통해 자기 자신을 표현하거나, 직장을 통해 변화할 수 있도록 돕는 역할을 한다.

예상했던 대답과 달랐는지 레니는 빙그레 미소 지었다.

"창의력이요? 재능의 표현이요? 차별화요?"

그는 골똘히 생각하는 듯한 말투로 이렇게 물었다.

"좋은 것임에 틀림없습니다. 하지만 제 경험은 그렇지 않습니다. 제 경우에는 회사에 제시했다가 그대로 사장돼 버린 아이디어가 몇 가지나 되는지 기억도 나지 않습니다. 기업이 추구하는 것은 이익밖에 없습니다. '목표액을 달성해라. 목표액을 달성해라!' 전 포기했습니다. 게임이나 즐기면서 제가 맡은 일이나 열심히 하기로요."

그가 벤처 사업에 덤벼든 것도 놀랍지 않군.

"모든 기업이 창의력을 중요시하고 건설적인 방향을 모색한다고 말씀 드린 것이 아닙니다."

내가 맞받아쳤다. "기업마다 창의력을 표현하고 좋은 쪽으로 변화할 수 있는 가능성이 내재돼 있다는 말씀이죠."

레니는 추워서 그러는 것처럼 양손을 비볐다.

"저도 그러길 바라죠. 그러나 그런 회사를 전 본 적이 없습니다."

"저도 이 사실을 깨닫기까지 오랜 세월이 걸렸죠. 워낙 드러나지 않기 때문입니다."

나는 가죽 재킷을 집어 들고 레니와 악수를 나눴다. 헬멧을 쓰고 시동을 거는 동안 레니는 오토바이 옆에 서 있었다. 무슨 말을 해야 할지 몰라 당황한 눈치였다. 그에겐 자금 지원도 못 받고 창업 멤버들마저 이탈할 기미를 보이는 절망적인 날이겠지.

"괜찮으시다면, 이 문제로 계속 의논을 했으면 좋겠습니다."

그가 말했다.

"이메일을 보내세요. 그게 제일 좋은 방법입니다."

나는 천천히 모퉁이를 돌아나갔다. 레니와 다시 만날 일은 없을 것이다. 그렇더라도 행운을 빌어 주고 싶었다. 이번 일이 성공하면 그가 원하는 일을 할 수 있는 길이 열릴 테니까. 백미러에 한 손에는 서류가방, 다른 한 손에는 서류철을 들고 멍하니 서 있는 레니의 모습이 보였다.

4
미뤄 놓은 인생 설계

THE MONK AND THE RIDDLE

그날 나는 아이베리아라는 단골 식당에서 옛 친구들과 저녁식사를 한 뒤, 밤늦게 집에 들어왔다. 조금은 영화 〈앙드레와의 저녁식사〉 같은 모임이었다.

우리는 빠에야와 스페인 와인을 즐기면서 시장이 어느 선까지 상승할지, 사태가 악화되면 바닥을 치게 될지 등을 주제로 이야기를 나눴다. 두 번째 술이 들어갈 무렵, 나는 비즈니스 철학과 사업의 인간적·사회적 측면에 대해서 장황하게 늘어놓기 시작했다. 밸리에서 사업가로, 투자자로, 회사원으로 다양하게 활동하고 있는 친구들은 이런 이야기를 귀에 못이 박히도록 들어 왔기에 맞는 말이라고 고개를 끄덕이면서도, 싸게 사고 비싸게 파는 전략 같은 더 실질적인 쪽으로 화제를 옮기기 위해 애썼다.

오후의 일정도 두 개나 있었다. 하나는 다시 콘디토레이로 돌아가서 고객 서비스 향상 및 고객 유치와 대응에 인터넷을 활용할 방법을 제시하는 신흥 부유층 그룹과의 면담이었다. 두 번째는 관점에 따라 재정적 위기를 타개하기 위한 것으로 볼 수도 있고, 주식 공모를 위한 준비로 볼 수도 있는 임원진 회의였다. 어떤 사람에게는 단순히 구름 낀 날씨가 다른 사람에게는 우산을 팔 수 있는 기회가 되는 법이다.

아내는 불을 켜 둔 채로 잠을 자고 있었다. 데브라는 몇 십 년 전만 해도 평범하게 출발했으나 이제는 밸리에서 가장 촉망 받는 기업의 반열에 우뚝 선 HP의 고위급 간부로 활약하고 있다. 로디지안 리지백 종인 티카와 탈리는 내가 문을 열자 문 밑으로 주둥이를 내밀면서 일제히 꼬리를 흔들었다.

나는 부츠를 벗어 던지고 칼바도스 술을 한 잔 따른 뒤, 하루의 마지막 일과인 자동 응답기와 이메일을 체크하기 위해 서재로 향했다.

창문 너머로 샌프란시스코를 밝히는 희미한 불빛이 은하수처럼 반짝이고 있었다.

첫 번째 이메일은 프랭크가 보낸 것이었다.

살았나 죽었나?

랜디, Funerals.com 사람과 이야기를 나눠 봤나? 독특한 아이디어지. 자네 생각을 알려주게.

_프랭크

UCLA 출신인 프랭크는 옅은 갈색 머리에 온화한 성격을 가진 정말 좋은 친구다. 하지만 다정다감한 모습 뒤에는 치열한 경쟁심이 자리해 있다. 이 분야의 경력만 10년이 넘었고, 나이는 마흔 줄에 막 들어섰다. 새로운 아이디어를 접할 때면 날카로운 관점에서 모든 면을 분석해야 하지만, 자금 투자의 집행 여부를 결정할 때는 직감에 귀 기울여야 한다는 사실을 누구보다도 잘 알고 있는 사람이기도 하다.

전형적인 투자기준도 잘 준수하지만, 정작 그의 강점은 바로 이 직감이다. 그는 기업가를 존경하며, 결과를 중요시한다. 사업이 제대로 굴러가지 않는다 싶으면 즉시 지원을 중단하는 냉철한 면모도 가지고 있다.

프랭크의 이메일을 보기 전까지 나는 레니에 대한 생각을 까맣게 잊고 있었다. 장례용품, 세균, 회사를 키워서 팔아 넘기기.

나는 '회신'을 클릭한 뒤 답장을 쓰기 시작했다.

Re: 살았나 죽었나?

오늘 저녁을 함께했다면 좋았을 것을. 늘 모이는 멤버에, 늘 나누는 대화가 오갔지. 자네가 투자하는 회사에 대해 험담을 늘어놓고, 소 뒷걸음질에 쥐 잡는 격으로 자네가 돈을 버는 거라고 말일세. 나는 자네를 변호하려고 했지만 소용 없었네.

Funerals.com의 경우, 장례용품 시장의 규모가 꽤 큰 것 같으니 고려해 볼 가치는 있을 것 같네. 레니라는 사람도 똑똑하고 열정적이며 추진력이 있어 보이긴 했고. 하지만, 아직 순진하고 경험이 부족해 보였네.

사업계획도 꽤 잘 다듬어져 있지만 아직은 부족했고. 전략적 한계와 더불어 해결해야 할 기본적인 문제들도 보이더군. 나로서는 별로 내키지 않지만, 시장 잠재력이 있으니 자네는 좀 더 관심을 기울여 보는 것도 나쁘지 않을 듯하네. 잘 있게.

_랜디

내가 쓴 답장을 다시 한 번 읽어보았다. 솔직하고 공정한 의견을 전하고 싶었다. 레니는 파악이 잘 되지 않는 부류의 사람이었다. 추진력과 열의는 대단했고, 훌륭한 창업가가 될 자질이 보였지만 뭔가 부족했다.

나는 하품을 하며 '발신'을 누른 다음에 프랭크의 이메일을 삭제했다. 이것으로 이 문제는 일단락된 셈이다.

나머지 이메일을 하나씩 살펴보았다. 함께 일하는 회사의 전달 사항, 기발한 아이디어가 있으니 만나서 의논하자는 친구들, 보스톤에서 침술가로 일하는 여동생이 새로운 허브 치료제가 있다고 알리는 이메일도 있었다. 그리고 레니의 이메일이 있었다. 보낸 시간을 봤더니 보스턴 시간으로 자정을 훨씬 넘긴 뒤였다.

고맙습니다.

랜디 선생님께.

오늘 아침 시간을 내주셔서 감사합니다. 선생님과 이야기를 나누면서 많은 걸 깨달았고, 집으로 오는 비행기 안에서 Funerals.com 사업계획서를 수정했습니다. 선생님이 도와주신 덕분에 계획서는 더욱 탄탄해졌습니다. 감사합니다.

첨부 파일로 보내드리는 사업계획서 수정본을 한번 읽어 주셨으면 합니다. 선생님께서 지적하신 부분들을 고쳤습니다. 시장의 규모는 실로 엄청납니다. 언젠가는 그 영역에서 엄청난 성공을 거둘 사람이 분명 있을 거라고 봅니다. 새로운 제 사업계획서를 보시고 의견이 있으시면 알려 주시길 바랍니다. 저희와 함께 일하는 문제도 다시 한 번 생각해 주시길 바랍니다.

다시 한 번, 감사 드립니다.

_레니

나는 이렇게 답장을 보냈다.

Re: 고맙습니다.

오늘 아침, Funerals.com에 대한 이야기를 들려주셔서 고마웠습니다. 말씀 드린 대로 프랭크에게 제 생각을 전달했습니다. 언젠가는 인터넷 장례용품 시장에서 자리 잡을 사람이 있을 겁니다.

함께 일하자는 말씀을 해 주어서 감사합니다만, 콘디토레이에서 말한 것처럼 돈을 버는 게 주요 목적인 사업에는 별 관심이 없습니다. 그게 잘못됐다는 것이 아닙니다. 그런 사업에 제 시간을 할애하고 싶지 않다는 말씀입니다. 그건 개개인의 선택에 달린 문제이지, 옳다 그르다를 판단할 문제가 아니니까요. 행운을 빕니다. 잘 지내길 바라요.

_랜디

나머지 3개의 이메일도 마저 읽었다. 이제 드디어 하루 일과가 끝났구나 하고 생각하는 순간 '핑' 하는 메일수신 소리가 들렸다. 레니가 답장을 보낸 것이다. 시계를 봤다. 보스턴이면 새벽 3시가 다 돼 가는 시간이었다. 잠도 안 자는 모양이군.

Re: Re: 고맙습니다.

랜디 선생님께.

빠른 답변 감사 드립니다. 실망하기는 했지만 이해는 됩니다. Funerals.com의 아이디어가 마음에 들지 않으셨다면 저로서도 어쩔 도리가 없겠지요. 하지만 오늘 면담을 마치고 선생님께서 자칫 오해하셨을 것 같다는 생각이 들었습니다. 답장을 읽어 보니 저의 짐작이 맞았군요.

선생님이 저에 대해 알고 있는 것은 Funerals.com에 대한 것밖에 없으시겠죠. 하지만 그게 저의 전부는 아닙니다. 저는 고집 센 사업가이고 Funerals.com이 반드시 기업화되어야 한다고 생각합니다만, 저를 욕심 많은 기회주의자로 보셨다면 섭섭한 마음이 듭니다. 선생님께서 보신 것은 사업적인 측면밖에 없으니까요. 그게 저의 전부는 아닙니다. Funerals.com이 성공을 거두고 나면 하고 싶은 일이 저 또한 있습니다.

아래 적혀 있는 제 홈페이지에 한번 들러 주시길 바랍니다. 제가 어떤 사람인지 조금은 감이 잡히실 거라 생각합니다. 다시 한 번 만나 뵐 기회가 있으면 좋겠습니다. 다른 아이디어가 생각나시면 언제든지 알려 주십시오.

_레니

　내가 레니를 욕심 많은 기회주의자로 본 건 사실이었다. 하지만 그렇게 일장연설을 늘어놓는 와중에도 내 심드렁한 태도를 알아차릴 만큼 눈치 빠른 사람인 줄은 몰랐다. 호기심에 잠이 달아났다. 에휴…… 모르겠다! 나는 그의 홈페이지에 접속했다.

　그의 부모님과 형제 자매들의 폴라로이드 사진으로 가득한 레니의 홈페이지를 보면서 나는 인터넷의 방대하고 자유분방한 콘텐츠가 혁명으로 불리던 초기 시절이 생각났다. 인터넷상에서는 모든 의견과 집단의 결합이 허용된다. 애완용 햄스터의 독특한 재주를 자랑할 수도 있고, 기호학을 배우는

학생들이 뜻 모를 웹진을 운영할 수도 있으며 온갖 취미를 즐기는 이웃 사람들끼리 동호회를 만들 수도 있다. 중개인이 필요 없는, 일종의 대중들을 위한 해방구인 것이다.

온갖 사적인 이야기들로 가득한 웹사이트에 들어가면 다른 사람의 일기를 훔쳐보는 것 같아 처음에는 약간 거부감이 느껴졌다. 레니가 나를 초청했음에도 그런 기분이 들었다.

그의 가족은 4남 1녀로 상당한 대가족이었다. 이들의 인생에서 함께 걸어 온 시간들이 다정한 설명을 곁들인 사진과 함께 소개돼 있었다. 학년별로 옹기종기 모여서 찍은 중학교 사진, 스카우트 활동, 우스꽝스러운 1970년대식 헤어 스타일, 고등학교 졸업 파티, 결혼, 카메라를 향해 두 팔을 벌리며 아장아장 걷는 아이들. 특별한 것은 없었다. 한 가족의 은밀한 역사가 낱낱이 공개돼 있을 따름이었다.

그만 잠들까 하는데 사진 한 장이 유난히 눈길을 끌었다. 검은색 머리가 유난히 눈에 띄는 레니의 아버지, 잭 돌란이었다.

사진을 클릭했더니 8개월 전에 세상을 떠난 아버지를 추모하는 페이지가 열렸다. 콘디토레이에서 레니가 했던 말이 떠올랐다. 가족 사진이 몇 장 더 있었고, 텍스트가 몇 페이지 이어진 뒤에 '여가 시간'이라는 제목과 함께 형형색색의 정원을 다듬고 있는 잭 돌란의 사진들이 펼쳐졌다. 늘어선 개나리 옆에 서 있는 사진도 있고, 삽과 괭이를 들고 에덴의 꽃동산에다 씨앗을 심고 있는 사진도 있었다. 가족들만 사는 작은 섬에서 흙을 만지며 웃는 얼굴이었다. 각 코너와 창문마다 꽃다발로 장식돼 있는 모습이 디자인이 잘된 영국의 정원 같았다. 이웃 사람들의 시선을 한 몸에 받았을 것 같은 집이었다. '업무 중'이라는 제목 밑으로도 사진이 몇 장 있었다. 흰색 셔츠와 점잖은 넥타이, 짙은 색 재킷을 입고 진지한 표정으로 작은 책상에 앉아 있거나 중요한 일을 처리하고 있는 사진이었다. 잭 돌란에게는 주지사가 부여한 '헌신적인 공무원' '국민의 충실한 친구' 등 다양한 호칭이 있었다. 40년 넘게 공직에 몸담다가 퇴직을 했는데, 그 날짜를 보니 세상을 떠나기 불과 몇 개월 전이었다.

　가까운 사람이 세상을 떠나면서 Funerals.com의 아이디어를 얻게 됐을 거라는 코니의 예언이 맞았다. 평범한 회사를 뛰쳐나와 벤처기업을 창업하여 한몫 제대로 벌겠다는 생각을 하게 된 것이 돌아가신 아버지와 무관할 수 없을 것이다. 잭 돌란의 진짜 관심사가 무엇이었든지 간에 레니의 사이트를 보면 그는 행복한 공무원이 아니라 정원사로 보였다. 레니는 그의 아버지를 행복한 관료가 아니라 실패한 정원사로 바라보았다는 것이 그의 사이트에서 느껴졌다.

　나는 레니가 보내온 이메일을 다시 한 번 읽었다.

> 선생님께서 보신 것은 사업적인 측면밖에 없으니까요. 그게 저의 전
> 부는 아닙니다. 저도 Funerals.com이 성공을 거두고 나면 하고 싶
> 은 일이 있답니다.

　의심의 여지가 없었다. 레니도 아버지처럼 일이 먼저라고
생각하는 사람이었다. 추측컨대 레니는 아버지와 같은 운명
을 피하고 싶은 생각에 잔인한 타협안을 받아들였을 것이다.
오래도록 일하고 나서야 잠깐 동안 하고 싶은 일을 할 수 있
는 운명. 이런 운명을 표현하는 공식적인 단어는 없다. 하지
만 보험회사에서 일한 경력으로 볼 때, 레니라면 이 운명을
'미뤄 놓은 인생 설계Life Plan'라고 부를 것 같았다. 이 보험 상
품의 혜택을 완벽하게 받으려면, 인생을 두 부분으로 확실히
나눠야만 한다.

　1단계: 해야만 하는 것을 해라.
　(그렇게 미룬 후, 궁극적으로)
　2단계: 자신이 하고 싶은 것을 해라.

우리는 어린 시절부터 비슷한 말을 수없이 들으며 자란다. '뛰기 전에 걷는 것부터 배워라' '첫 술에 배부르랴' '젊어 고생은 사서도 한다' '인내는 쓰지만 그 열매는 달다' 등…….

레니의 눈에 비친 그의 아버지 예를 보면 '열심히 일하고 그다음에 퇴직하고 (퇴직할 때까지 살아 있다는 가정하에), 취미 생활에 시간을 조금 할애하라' 정도가 될 것이다.

실리콘밸리에서도 '미뤄 놓은 인생 설계'의 관점대로 사는 방식이 대유행이다. 사람들은 대부분 빨리 부자가 되는 게 1단계를 가장 빨리 통과하는 방법이라고 생각한다. 그렇게 본다면, 실리콘밸리보다 더 빨리 이를 실현시켜 줄 곳이 또 어디 있을까? 하지만 그 믿음도 이곳에 사는 일부 사람들의 도드라진 부유함, 푸른 언덕, 언론이 만들어 낸 신화에 불과하다. 실리콘밸리에 사는 사람들 대다수는 부유층이 아니다.

비즈니스 아이디어 대부분은 자금 지원을 받지 못한다. 자금을 지원받은 기업들, 즉 아주 똑똑한 사람들이 아이디어를 충분히 검토한 결과 투자할 만한 가치가 있다는 판정을 받은 기업들조차도 대부분은 결국 실패한다. 운이 좋았던 몇몇 사람들도 2단계로 넘어가면 목적의식과 방향감각을 잃는다. 본인이 '정말' 하고 싶은 일이 뭔지를 생각해 본 적이 없거나 1단계에서 너무 많은 시간과 정신력을 할애한 나머지, 어떤 비전으로 나아가야 할지 길을 잃어버리기 때문이다.

친구 중에는 천문학적인 돈을 받고 회사를 처분한 친구가 있다. 그가 챙긴 금액만 해도 5,000만 달러에 달한다. 한때 네덜란드인이 주인이었지만 지금은 다이버들의 천국으로 바뀐 카리브해의 바위섬, 사바Saba에서 축하 파티를 연 그 친구에게 이제 무엇을 할 생각인지 물었던 적이 있다. 그는 '지금 당장은 다른 사업을 언젠가 시작할 계획이 있을 뿐, 무엇을 할지는 아직 모른다'라는 답변을 했다. 무슨 사업? 그는 돈만 벌 수 있으면 어떤 사업을 하든 상관없다는 식이었다. 돈 걱정에서 평생 해방된 사람이 당장 생각나는 게 재산을 늘리는 일밖에 없다니. 그것도 이 친구처럼 매우 똑똑하고 괜찮은 사람이 말이다. 심각하게 고려한 후, 정말로 관심 있는 사업을 시작하겠다고 했더라면 이해가 됐을 것이다. 하지만 무조건 반사적으로 다시 다람쥐 쳇바퀴 속으로 들어가려 하다니 시간 낭비 같았다. 그가 잠시 시간을 두고 정말 본인이 원하는 게 무엇인지 천천히 생각하기를 바랄 따름이었다.

물론 나도 타인을 비판할 처지는 못 된다. 미뤄 놓은 인생 설계에 대해 잘 알고 있는 이유가 바로 나 역시 오랫동안 양복을 차려 입고 명함을 신주단지처럼 모시고 다녔던 시절이 있었기 때문이다.

1970년 중반 브라운 대학을 졸업했을 때, 어떤 직업이 내 적성에 맞을지 감을 잡을 수가 없었다. 다른 사람들처럼 인턴에도 응모하고, 뉴욕으로도 이력서를 보냈다. 아마 은행이나 광고계였을 것이다. 은행에서는 나를 인터뷰하는 순간 그들과 맞지 않다고 판단하고 돌려보냈다. 광고회사들 역시 내 이력서를 계속 거절했다. IBM에도 응시했었다. 면접 전에 IQ와 인성 검사를 거치게 했던 그 IBM에 말이다. 검사는 오전에 있었고, 면접은 오후에 있었다. 점심식사 후 돌아왔을 때, IBM에서는 상냥하지만 단호한 말투로 면접을 볼 필요가 없다고 말했다. 그들의 요구조건에 맞지 않았던 것이다. 나에게 맞는 직장이 없다니 난감한 노릇이었다. 남들처럼 일찌감치 안정된 직장을 얻을 줄 알았는데 말이다.

나는 생활비라도 벌어야 한다는 생각에 열심히 일자리를 찾았고, 마침내 프로비던스Providence시의 시장 직속 지역사회 개발국에 들어갈 수 있었다. 시의 정책을 만드는 곳에서 하는 일은 매우 흥미로웠다. 1940년대 영화사의 분장실처럼, 유명한 인물들이 날마다 시청을 드나들었다. 저소득층을 위한 주택지원 담당자이자 한때 이름을 날렸던 한 정치인은 총을 들고 다니다가 마음에 들지 않는 사람을 만나면 휘둘러 대곤 했다. 한마디로 정신 나간 사람이었다.

동시에 나는 존슨 앤 웨일스 대학 야간부에서 경제학을 가
르쳤다. 대학에서 전공한 경제학 공부도 계속하고 싶었고 가
르치는 일도 마음에 들었다. (사실 가정경제학을 가르쳤다
는 표현이 보다 적절한지 모른다. 그 대학은 요리학과로 유
명했다.) 학생 대부분은 베트남 참전 용사들이었고 나보다
나이도 한참 많았다.

브라운콘서트위원회에서 만난 세 명의 음악 프로모터인
밴지니 브라더스의 일도 프리랜서식으로 도왔다. 나와 나이
가 비슷했던 그들은 뉴잉글랜드 전역의 대학교 캠퍼스, 소
규모 공연장, 야외 콘서트장, 나이트클럽에서 라이브 공연
을 주선하는 게 주 업무였다. 학교를 졸업한 뒤 밴지니 브라
더스와 일을 하게 된 계기는 웨더 리포트 콘서트에서 있었
던 일 때문이다. 넥타이와 양복을 입고 있던 나를 무대 뒤에
서 끌어내더니, 부르는 노래의 로열티를 요구하는 미국 작
곡가·작가·출판인 협회 측 경찰과 이야기를 해달라는 것이
었다. 뭐라고 둘러댔는지 기억은 안 나지만, 하여간 그 경찰
과의 일은 잘 해결됐다. 그 후로 나는 노조, 시청, 경쟁 프로
모터 등 밴지니 브라더스가 꺼리는 사람들을 대신 상대하는
대변인이 됐다.

가끔은 콘서트 예산안을 보면서 어떤 식으로 수지타산을 맞출지, 과연 수지타산이 맞기는 할지 검토하는 역할을 하기도 했다. 이에 대한 보답은 모든 콘서트 공짜 입장, 클럽에서의 좋은 자리, 브라운 대학의 자유분방함을 상징하는 세이어 스트리트에 있는 숙소 자유 출입권 등이었다. 얼마 안 되는 전 재산을 이들이 세운 프로덕션에 투자하기도 했다. 내 기억으로는 아마 그 돈을 대부분 날렸던 것 같다.

하루 종일 시장실에서 일을 하고 몇 시간의 강의가 끝나면 나는 '임무'를 수행하기 위해 밴지니 브라더스의 본부로 향했다. 그곳은 혹시 유명인이라도 만날 수 있을까, 재미있는 일 없을까 해서 들르는 파티객들이 연일 끊이지 않았다. 새벽까지 클럽과 공연장을 누비면서 우리는 밴드의 연주를 듣고, 무대를 설치하고, 신선한 인재를 발굴하며, 쓸 만한 장소를 물색하는 등 열심히 뛰어 다녔다. 자연스럽게 프로덕션 일도 배울 수 있었다. 예산 세우기, 공연 스케줄 잡기, 홍보, 인재 확보는 물론 공연장 섭외까지 콘서트 기획 전반을 익혔다.

당시 내 경험에 대해 이야기를 하면 사람들은 대부분 이렇게 묻는다.

"그러니까 음악이 제일 좋았던 거죠? 그렇죠? 시청에서 근무했던 거나 교수 일은 생계수단이었고, 마음은 록 콘서트장에 있었죠? 그렇죠?"

아니다. 내 주요 관심사는 세 가지 일 모두였다.

이 시기를 거치면서 나는 어떤 직업을 선택할까 고민하는 동안 시간도 때우고 돈도 벌 겸 시작했던 일이 뜻밖에도 아주 보람 있고 유익한 일로 변하는 신의 섭리를 알게 됐다. 하지만 당시 생활이 재미있었던 이유는 이런 점 때문이 아니었다. 세 가지 일이 동시에 결합되어 삶의 기쁨과 활력소가 됐기 때문이다. 나는 이 모든 것에 열정을 쏟았었다. 각별하게 관심이 쏠리는 분야는 없었다. 어떤 일이든 하고 있는 동안만큼은 만사를 잊을 정도로 재미가 있었다. 나의 관심사는 모든 분야를 탐험하는 데 있었다.

그렇게 직장 생활을 하면서 창의력을 키우는 방법을 차츰 터득하기 시작했다. 밴지니 브라더스의 일을 도울 때는 콘서트 기획을 배웠다. 이들은 사람들에게 기쁨을 선사하는 게 직업이었다. 그것도 아주 독창적으로 말이다. 또한, 이들은 하나하나 부딪치며 배워 가는 타입이었다. 콘서트 프로모터가 되는 방법을 따로 배운 적은 없었다. 그저 음악을 사랑하고 이벤트를 사랑했으며 분위기를 사랑했기 때문에 저절로 터득한 것이었다. 시청에서 일할 때는 워싱턴의 지원으로 진행되는 프로젝트를 맡았다. 워낙 새로운 일이라 선례도 없고, 지침도 없었으며 규칙 몇 개만 있을 따름이었다. 백지를 앞에 놓고 창조적인 발상을 쏟아 내야 하는 일이었다. 학생들을 가르치는 일마저도 큰 창의력을 요구하는 직업이었다. 정식으로 교직 수업을 받은 적도 없고 길잡이조차 없이, 내식으로 모든 일을 처리할 수밖에 없었으니 말이다.

나는 이런 일에 재능이 있고 즐거움을 느낀다는 것을 알게 됐다. 백지 한 장을 앞에 놓고 무언가를 구상하는 일에 말이다. 가만히 앉아서 문제를 분석한 다음, 독특한 해결법을 만들어 내는 게 즐거웠다. 육각형 자동차 타이어를 만들어 굴러가게 할 수도 있을 것 같았다. 경험이 없는 분야에 뛰어들어도 두렵지 않았다.

당시 친구들과 모여 신문을 발행했던 적도 있었다. 언론사업이나 창업, 재무에 대해서는 아는 게 하나도 없었다. 그럼에도 회계를 담당하고 그것을 이해하기 시작했다. 목표를 어떻게 잡아야 하고, 어느 정도 비용이 예상되는지에 대해서 말이다. 그 일을 하면서도 조금의 부담도 없었을 뿐 아니라 심지어 즐겁기까지 했다. 그 후 십수 년이 흐른 지금, 다양한 실리콘밸리 사업에 관여하면서 아무런 경험이 없는 분야의 해결책을 모색할 때면 프로비던스 시와 백지 한 장에서 느겪던 짜릿함이 되살아난다.

프로비던스에서의 생활은 열정과 에너지로 가득했지만 언젠가는 뭔가 '진지한' 일에 몰두해야 한다는 걸 느꼈다. 프로비던스 시는 정착하기에 앞서 젊은 혈기를 쏟아 부어야 할 곳이라고 생각하고 있었다.

진지해지자. 취직을 하고 경력을 쌓아라. 자리를 잡고 성공하라. 그리고 난 다음, 내가 하고 싶은 일을 하는 거야! 결국 나도 '미뤄 놓은 인생 설계'에 따라 살고 있었던 것이다.

그렇다면 이 인생 설계에서 두 번째 단계란 무엇이 될까? 내 몫을 다한 다음, 하고 싶은 일을 할 수 있을 때가 되면 대체 무슨 일을 할까? 당시로서는 표현할 수 없었다. 정작 직장을 잡고 경력이 쌓여갈 때에도, 프로비던스에서 있었던 일들은 기억 속에 맴도는 짧은 입맞춤처럼 떠올랐다. 왠지 모르게 당시 생활로 돌아가고 싶었다. 무한한 창의력이 샘솟고 제약이 없었던 그 시절로 말이다.

내가 선택한 '진지한' 일은 법률이었다. 프로비던스에서 약 2년 동안 일을 한 뒤, 나는 1987년 가을에 하버드 대학 법과대학원에 들어갔다. 법률 공부가 재미있지는 않았지만 어딘가로 나아가고 있다는 기분은 들었다. 여름방학 동안 샌프란시스코 지방법원DA과 연방거래위원회FTC에서 일하며 재판에 흥미를 느꼈던 나는 졸업 후 보스턴에 있는 대형 법률 회사에 변호사로 취직했다.

변호사가 되면 사람들을 도우면서 만족과 보람을 갖게 될 줄 알았다. 불행하게도 변호사 일은 서류 작업과 말싸움의 연속이었다. 또한, 재판을 하기도 전에 소송이 해결되는 경우가 대부분이었다.

물론 모든 사건이 그런 것은 아니었다. 마침내 나에게 수석 변호사로서 소송사건을 처리할 수 있는 기회가 찾아왔다. 근무하던 법률회사의 주요 고객 중 한 명이 우거진 숲 속에 살았는데, 어떤 사람이 허락도 없이 나무 열아홉 그루를 베어갔다는 것이다. 회사에서는 무료로 변호해주는 대신 신참 변호사인 나를 담당자로 배치했다. 고위급이 나설 만큼 중요한 일이라고 생각하지 않았기 때문이다. 나는 마치 '로 대 웨이드Roe v. Wade' 사건(미국에서 낙태를 헌법에 의해 인정한 대법원의 판례)이라도 되는 것처럼 열정과 성의를 다했다. 재판이 시작되는 날, 나는 보스턴에서 한 시간 동안 차를 몰고 지방법원으로 내려갔다. 피고 측 대리인은 전형적인 시골 변호사였다. 판사와 농담을 주고 받는 것을 보니 의심의 여지 없이 골프를 같이 치고 식사도 함께하는 사이인 게 분명했다.

　재판은 배심원 없이 진행됐고 우리는 각자 모두 진술을 했다. 나는 상습 밀렵꾼인 피고가 고의적으로 원고의 사유지에 무단으로 침입, 열아홉 그루의 나무를 베어 갔다고 주장했다. 뿐만 아니라 원고는 소중한 나무 열아홉 그루를 평생 볼 수 없게 됐는데, 이는 대대로 물려받은 원고의 소유물이 부당하게 파괴된 것이라고 말했다. 피고에게 아무리 무거운 형벌이 내려진다고 해도 원고가 잃어버린 재산을 보상하기에는 모자랄 것이라며 법정에 현명한 판단을 요구했다.

　상대 측 변호사는 혐의를 인정하지 않고 피고가 나무를 자른 것은 사실이지만 고의가 아니라고 주장했다. 또한, 통나무 가격을 기준으로 봤을 때 피고가 베어 간 나무의 값은 30cm당 12센트에 불과하다고 했다. 양측 주장이 첨예하게 대립하자, 판사는 문제를 논의하자며 판사실로 오라고 했다. 방에 들어서자 판사와 피고 측 변호사는 나의 존재조차 무시한 채, 시가를 피우며 잡담을 나눴다. 마침내, 피고 측 변호사가 나를 돌아보았다.

　"자네, 논리 정연하게 말을 참 잘하더군. 하지만 내가 그 나무를 다시 살려 줄 수는 없는 것 아닌가? 내 의뢰인이 실수를 한 것은 사실이야. 나로서는 배상금으로 3,000달러를 지불하는 게 최선이라고 생각하네."

나는 버럭 소리를 질렀다.

"3,000달러라니! 당신의 고객이 한 일을 생각해 보십시오!"

그는 동요하지 않고 그 숲을 본 적이 있느냐고 물었다.

"물론이죠."

"나무가 정말 많지 않던가?"

"하지만 열아홉 그루는 더 이상 거기 없죠."

"누가 그 나무들을 아쉬워하겠나?"

"제 의뢰인이 아쉬워할 겁니다. 문제는 숲이 아니라 그 나무들입니다. 의뢰인이 가지고 있던 나무 열아홉 그루를 영영 못 보게 된 것이란 말입니다."

"3,000달러가 우리 쪽에서 제시할 수 있는 한도액이네. 자네가 의뢰인을 설득해 준다면, 자네는 물론 판사님의 시간 낭비를 피할 수 있을 걸세."

나는 이미 의뢰인과 이야기를 나눈 상태였기에, 그가 명목상의 결과에 대해 만족하지 않을 것을 잘 알고 있었다.

"아니요. 제 의뢰인은 받아들이지 않을 겁니다. 중요한 것은 원리와 원칙이니까요."

재판이 속개되었고 나는 나무를 자른 행위가 얼마나 잘못

된 것인지를 전달하기 위해 혼신의 힘을 다했다. 상대측 변호사는 재미있다는 듯, 나를 쳐다보면서 산전수전 다 겪은 프로처럼 굴었다. 심지어는 나를 도와주기까지 했다. 내가 어떤 식으로 증거를 제시해야 하나 난감한 표정을 보이자 충고를 건네는 것이었다. 내가 절차상 실수를 범해도 이의를 제기하지 않을 정도였다. 재판이 중반에 이르렀을 때, 나는 만족감을 느꼈다. 준비했던 변론을 효과적으로 전개시킨 데다, 피고가 경계선을 넘어간 줄 알면서도 원고의 나무를 베어 갔다는 결정적인 증언마저 확보한 상태였으니 말이다.

판사는 판결을 위해 잠시 퇴정했다. 나는 의뢰인을 위해 조바심을 감추며 가만히 앉아 있었다. 반면, 피고측 변호사는 속기사와 농담을 주고받으며 걱정스런 말투로 안부를 묻고 있었다.

잠시 후 판사가 법정에 다시 들어와 판결문을 낭독했다

"원고 승소 판결을 내립니다."

내가 이겼다! 나는 의뢰인을 향해 활짝 웃었다. 그는 수고했다는 듯 내 등을 토닥거렸다.

판사는 판결문 낭독을 계속했다.

"이에 따라 피고는 원고에게 배상금 3,000달러를 지불할 것을 명합니다."

순간 나는 그대로 얼어붙고 말았다. 경험 많은 피고측 변호사는 판사에게 고맙다는 말을 하고 나와 악수를 한 다음, 의뢰인과 어깨동무를 한 채 즐겁게 대회를 나누며 법정을 빠져나갔다. 무의미한 논쟁에 시간과 정력을 낭비한 셈이었다. 이 길을 계속 걸어야 하는 건지 회의가 들었다.

1983년, 팔로 알토 지사로 자리를 옮긴 뒤 신종 전문분야라 할 수 있는 '과학기술법'에 눈을 돌렸다. '과학기술법'이란 지적 재산권인 '아이디어'를 감정하고 보호하며 거래하는 법률로 실리콘밸리의 무한한 창의력이 낳은 산물이었다. 실제 재판과 같은 박진감은 없었지만, 소송 업무의 지루한 공방과는 달리 훨씬 흥미로웠다.

나는 소송의 치열한 논쟁을 포기하고 바이트 크기의 사업가인 프로그래머들과 친분을 쌓기 시작했다. 이들은 PC혁명이라는 먹이 사슬에서 가장 중요한 역할을 차지하는 소프트웨어를 만드는 창조주였다. 실리콘밸리의 창고에 모여 새로운 사업을 구상하는 이 발명가들과 함께 일하는 게 점점 재미있어졌다. 나는 이들이 쉽게 친해질 수 있는 사람들이라는 걸 알았다. 법률회사 동료나 의뢰인들보다는 밴지니 브라더스의 로큰롤 공연을 주선하면서 만났던 아티스트들과 훨씬 비슷한 부류였다. 뛰어난 재주를 가진 이들을 만나면, 정열적이고 엉뚱했던 고등학교와 대학교 친구들이 생각났다. 그들은 재능이 있었고, 난 이를 알아차렸다. 그들의 소프트웨어 결과물을 어떻게 사업화할 것인지도 감이 왔다. 여러 방면에서 두루 쌓은 경력과 법률적 지식을 동원하여, 나는 이들이 가지고 있는 훌륭한 아이디어를 기업으로 탄생시킬 수 있도록 도움을 아끼지 않았다.

변호사 일을 하면서 진정한 의미와 기쁨을 느낀 것은 아마 그때가 처음일 것이다.

1985년에 나는 조지 루카스의 영화 제작소이자 〈스타워즈〉의 산실인 루카스 필름을 찾아갔다. 애니메이션 분과인 픽사를 스티브 잡스에게 매각하는 건을 처리하기 위해서였다. 기술 이전, 지적 재산권 보호 등 기술적인 측면의 일은 이미 처리가 끝난 상태였다. 당시만 해도 픽사는 거의 알려지지 않은 무명의 회사였다. 그러나 영화계와 과학기술계의 두 거물급 인사 사이에서 이루어지는 계약이니 굉장한 프로젝트였다. 나는 두 사람의 유명세를 최대한 이용하기로 마음먹었다.

협상이 끝나자 법률적 절차를 마무리하는 일이 내 몫으로 남았다. 양측의 주요 인사들은 한자리에 모여 미소를 지으며 악수를 나누고 샴페인을 마셨다. 모두들 즐거워하는 모습이었지만 나만은 예외였다. 한참 떨어진 창고 같은 방에서 서명을 확인하고 서류 정리를 하느라 정신이 없었으니 말이다. 의뢰인이나 사건이 아무리 흥미진진해도 변호사 일은 매우 편협하고 판에 박힌 일이라는 생각이 들었다. 서류를 대조하는 일은 집어치우고 저 사람들처럼 대본을 쓰고 싶었다. 나도 저 사람들 옆에서 축배를 들고 싶었다. 하지만 변호사 일을 계속하는 한 불가능한 노릇이었다.

협상이 마무리된 얼마 후 애플에서 함께 일할 생각이 없는지 제안을 했다. 법무부 소속이기는 하지만 주로 거래 쪽을 다루는 자리라고 했다. 상사들에게 이 말을 했더니 크게 놀라며 인생 최대의 실수를 저지를 거냐고 물었다. 하버드, 동부 출신, 대규모 법률회사가 부여해 주는 기득권을 포기할 생각이냐는 것이었다. 변호사에게 있어 최대의 꿈은 개업이며, 일반 기업에 소속되면 그 길로 끝장이라고 했다. 지금처럼만 계속하면 조만간 최고 단계인 파트너가 될 수 있고, 파트너가 되면 환한 미래가 보장된다 했다. 부지런히 노력하며 기다리기만 하면 된다고 말이다.

논리적으로 봤을 때 맞는 말이었다. 나 역시 일반 기업에 들어간 변호사들은 유명한 법률회사에 들어가지 못해 그런 선택을 했다는 선입견을 가지고 있었다. 애플로 옮기는 게 퇴보일지 모른다. 만약 애플에서 성공하지 못하면 과연 유명 법률회사에 다시 들어갈 수 있을까?

하지만 애플로 옮겨야 할 것 같은 예감이 들었다.

1980년대 중반은 스티브 잡스의 이상이 찬란하게 발휘됐던 애플의 황금기였다. 비록 내가 자리를 옮기기 직전에 잡스가 쫓겨나긴 했지만 그의 영향력은 여전히 회사 전체에 퍼져 있었다. 애플 덕분에 컴퓨터는 누구나 사용할 수 있는 도구가 되었고, 과학기술자들의 독재는 종말을 맞이했다. 교육 문화가 바뀌었고, 장애인들이 장애를 극복할 수 있었다. 애플은 재정적인 면에서도 성공을 거뒀지만, 근본적인 회사의 목적은 문화혁명을 고안하고 창조하며 이끄는 것이었다. 1984년 슈퍼볼 경기에 등장했던 애플 광고를 보면, 자유롭게 생각할 줄 아는 한 사람이 칙칙하고 무표정한 군중 속으로 뛰어들어서 독재자의 폭정을 깨부순다. 이 모습은 단순한 광고가 아닌 애플이라는 기업의 신조였다. 내가 그곳에서 만났던 열정적인 젊은이들은 단순히 컴퓨터를 파는 게 아니라 세상을 변화시키고 있다는 믿음을 가지고 있었다.

나는 하루 월차를 낸 후, 자전거를 타고 마린 카운티의 변두리를 한없이 돌아다녔다. 120킬로미터를 돌아다녔는데도 결정을 내릴 수가 없었다. 다음 날 아침에 출근길에서도 갈 등은 끊이지 않았다. 한쪽 구석에 자리잡고 있는 사무실에서 길다란 복도를 물끄러미 쳐다봤다. 그 순간, 내 인생이 저 복도와 같다는 생각이 들었다. 각자의 사무실에 앉아 있는 동료들과 상사의 모습이 보였다. 깔끔하고 단정한 가구들도 눈에 띄었다. 잘 계획된 미래가 내 앞에 비춰졌다. 물론 이 복도를 따라 걸어가는 것도 안정적이고 탄탄대로이겠지만 너무 단조롭고 심심할 것 같다는 생각이 들었다. 지금과 별로 다를 것이 없었다. 하얀 백지를 앞에 두고 있을 때 느꼈던 짜릿함을 다시 맛볼 수 있을까?

나는 더 이상 그런 식으로 내 진정한 삶을 미룰 수는 없었다. 애플로 전화를 걸어 영입 제의를 받아들였다.

질문

이메일 고마웠어요. 홈페이지도 참 흥미로웠습니다. 아버지께서 훌륭한 정원사셨군요.

Funerals.com이 성공할 때까지 꿈을 미뤄 놓겠다는 것은 위험한 도박입니다. Funerals.com으로 원하는 자유를 사겠다고 했지만, 실패할 확률이 얼마나 높은지 아십니까. 당신의 인생과 Funerals.com은 무관하지 않습니다. 정말로 하고 싶은 일을 하십시오. Funerals.com을 통해 원하는 일을 할 수 있다면 처음부터 그 일에 초점을 맞춰 시도하세요. 나중에 발 뺄 생각은 하지 마시고요. 인생의 중요한 시점에 저는 이런 질문을 던지곤 했습니다. 당신도 곰곰이 생각해 보시길……

Funerals.com 사업에 평생을 바쳐도 좋을 만한 사람이 되려면 어떤 요소들을 갖추고 있어야 할까요?

잘 있어요.

_랜디

5
일에 대한 사랑, 그리고 열정

THE MONK AND THE RIDDLE

아침 일찍 눈을 뜨니 구름 한 점 없이 푸른 캘리포니아 하늘이 나를 반겼다. 창문 너머로 달콤한 재스민 향이 흘러왔다. 어린 시절을 보낸 뉴욕의 북부지방은 화창한 날씨를 당연하게 여길 수 없는 곳이었다. 평소에도 해가 뜨는 날이 드물었고, 어둡고 음산한 겨울이 되면 더욱 그랬다. 햇빛이 비치는 날을 그나마 손으로 꼽아 볼 수 있게 된 것은 대학교를 다니던 뉴잉글랜드에서였다. 사실 거기도 태양을 즐기기에 적당한 곳은 아니었다. 나는 햇빛의 증가가 내게 어떤 영향을 미칠지 궁금해지기 시작했다. 샌프란시스코를 처음 여행한 지 20년이 지났지만, 보스턴에서 몇 날 며칠을 달린 끝에 베이 브리지를 건넜을 때의 기억을 잊을 수가 없다. 그 다리를 건너는 순간 여기가 내 고향이다 싶었으니까.

녹차를 가득 우려내 정원으로 나갔다. 탈리와 티카는 키스 톤 경찰견들처럼 이미 오래전에 사라진 사슴이나 코요테의 냄새를 쫓아 이리저리 뛰어다니고 있었다. 아침마다 반복되는 나의 일상은 명상을 하고, 월스트리트저널을 읽은 뒤, 이메일을 체크함으로써 마무리된다.

레니는 보스턴 시간으로 오전 5시 30분에 답장을 보냈다. 그가 조금이라도 잔 건지 궁금했다. 콘디토레이에서 지친 얼굴을 하고 있었던 것은 어쩌면 당연한 일이었다. 쉴 새 없이 하루를 보낸 뒤 찾아오는 잠 못 이루는 밤. 공감할 수 있었다. 나 역시 하루 온종일을 그렇게 지치도록 뛰어 다녔으니까.

Re: 질문

랜디 선생님께.

"평생 동안 Funerals.com에 인생을 바쳐라"라는 말씀은 이해가 안 됩니다. 요즘 같은 시대에 죽을 때까지 한 가지 일만 하고 사는 사람이 어디에 있을까요? 세상은 너무나 빨리 변하고 있습니다. 다른 사람도 아닌 선생님께서 그런 말씀을 하시다니요.

제가 혹시 최선을 다하지 않을까 걱정이라면, 그건 염려하지 마십시오. Funerals.com이야말로 제가 가장 해 보고 싶은 일이며, 이 일을 성공시키기 위해서라면 못 할 것이 없습니다. 그 부분은 정말 걱정하

시지 않아도 됩니다. 저는 선생님과 프랭크 씨가 이 부분을 불안해하
시지 않게 할 겁니다.

저는 지금 창업자금이 필요할 뿐입니다. 성공할 자신이 있습니다.

_레니

추신_ 홈페이지를 재미있게 보셨다니 기쁩니다. 아버지께서는 정원
관리를 정말 잘하셨습니다. 평생 열정을 가지고 계셨죠. 저희는 아예
그쪽 계통의 사업을 시작하는 게 어떻겠냐고 말씀 드렸지만 아버지
는 퇴직을 하고 나서 시작해도 기회가 있다고 말씀하셨습니다.

나는 레니의 의지를 의심해 본 적이 없다. 콘디토레이 입
구에서 그가 내 팔을 움켜쥘 때부터 이미 느낄 수 있었다. 알
고 싶은 건 레니에게 의지와 추진력이 있는지 여부가 아니
라, 레니가 진정 관심을 갖는 일이 무엇인지였다. 레니는 질
문의 의도를 제대로 파악하지 못했다. 그의 태도에 조금씩
짜증이 나기 시작했다.

이른 아침 출근하는 차량들이, 마을에서 고속도로로 빠져
나가는 유일한 출구 쪽에서 뒤엉켰다. 나는 오토바이를 몰고
서, 투덜대는 직장인들에게 손을 흔들거나 꾸벅 인사를 하며
그 사이를 이리저리 빠져나갔다. TV드라마 〈환상 특급Twilight
Zone〉에서처럼 돌로 굳어 버린 사람들 사이를 거니는 주인공
이 된 듯한 기분이었다. 고속도로를 빠져 나오자 황금빛 잔

디밭이 양 옆으로 보였고, 서쪽으로는 산타 크루즈 산맥의 허리를 옅은 안개가 감싸 돌고 있었다. 나는 샌드 힐 로드를 가로질러 3000번지 건물 쪽으로 달렸다. 주차 공간이 없어 길가에 오토바이를 세웠다.

오늘의 첫 일과는 내 투자 의견을 듣기 원하는 친구들의 벤처캐피털리스트회사에 가서 사업계획 발표를 참관하는 것이다. 인터넷으로 애완용품을 판매하려는 벤처기업으로, PetUniverse.com이라고 했다.

레니의 사업설명이 세련됐다면 일류 경영대학원을 졸업한 이 세 사람은 번뜩이는 면이 있었다. 그들은 적어도 애완용품 시장만큼은 정확하게 파악하고 있었다. 예상 목표액은 열심히 하면 가능할 것 같기도 하고 불가능할 것 같기도 한, 완벽한 중간 지점에 있었다. '더 좋은 제품을, 더 빠르게, 더 저렴하게' 유통해야 한다는 표현의 함축된 의미도 잘 알고 있었고, 빛의 속도로 사업을 실행해야 한다는 것도 충분히 이해하고 있었다. 지난달부터 'Pet어쩌고.com'하는 벤처기업들이 늘어나고 있었다. 샌드 힐 로드에서는 당분간 애완용품점의 열풍이 일어날 전망이었다.

똑똑한 세 친구를 놓고 볼 때 한 가지 불안한 점이 있다면, 한 사람도 애완동물을 길러 본 적이 있거나 갖기를 원한 적이 없다는 점이다. 그들에게 동물의 털이나 가죽, 비늘에 끔찍한 알레르기가 있다 해도 나는 놀라지 않을 것이다.

왜 이들은 이 사업을 하려는 걸까? 왜 시간을 투자하려는 걸까? 벤처캐피털리스트들이 왜 이런 질문은 하지 않는지, 나로서는 그 점이 항상 궁금하다. 답이 너무 뻔해서일까? 부자가 되기 위해서?

세 창업자들의 관점에서 생각을 해 봤다. 그들에게는 이 사업이 혹시나 성공할지도 모른다는 생각에 몇 년을 투자해 보는 정거장 같은 것일지도 모른다. 그 성공을 발판으로 정말로 해 보고 싶었던 일을 시작할 수 있도록 말이다. 불행히도 나는 이런 태도를 가진 사람들이 평생 계속되는 베팅으로 이어지고 원래 가지고 있던 꿈과는 점점 멀어지는 것을 숱하게 보아 왔다. 잘못하다가는 시류에 휩쓸리고 도박의 유혹에 빠져들기 십상이다. 평생 불가능할지도 모르는 벼락부자가 될 욕심으로 꿈을 포기하거나 잠시 뒤로 미뤄 놓는 유능한 젊은이들을 볼 때 나는 무척이나 안타깝다. 내가 "평생을 바쳐도 좋을 만한……"이라는 질문을 던졌을 때, 레니는 인생의 계획을 확실히 세워야 한다는 뜻으로 받아들였다. 그건 바보 같은 생각이다. 레니도 말했다시피 세상은 끊임없이 변할 테니까. 하지만 무언가에 기꺼이 평생을 바치려면 어떤 요소를 갖추고 있어야 할지를 고민하게 되고, 그때 비로소 자신의 존재에 대해 많은 걸 깨닫게 된다.

내 경험만 봐도 알 수 있지만 '미뤄 놓은 인생 설계'가 반드시 나쁜 것 만은 아니다. 문제는 '1단계, 해야만 하는 것을 해라. 2단계, 하고 싶은 것을 해라'는 사고 방식 자체가 하고 싶은 일과 해야 하는 일을 별개로 구분하고 있다는 데 있다. 왜 그래야만 할까? 이 구조에 따르면 잠시 보류하고 있는 2단계는 먼저 하고 싶지 않은 일을 처리하지 않는 한 존재할 수 없고, 존재할 가치가 없다. 맛있는 음식은 나중에 먹어야 한다. 1단계를 거쳐야 경제적으로, 정신적으로 2단계를 즐길 만한 여유가 생긴다는 말이다. 내 회의적인 태도에 오해하지 말기를 바란다. 누구든지 살다 보면 희생하고 타협해야 할 때가 있기 마련이다. 아무리 잘나가는 사람도 말이다. 하지만 단순히 다음 단계로 넘어가기 위해서가 아니라, 정말로 보람 있는 일을 찾아서 열심히 하는 것은 어떨까?

'미뤄 놓은 인생 설계'대로 산다는 것은, 1단계에서 내 본모습이나 관심사와는 별개인 일을 해야 한다는 의미이다. 겉으로 보이는 행동과 본질은 전혀 다른 것이기 때문에 비즈니스라는 이름하에 온갖 비열한 행동 역시 정당화된다.

"그래, 직장에서 보면 그 여성은 정말 밥맛이야. 하지만 업무상 그러는 거니까. 실제로 그런 건 아니야."

사람들은 야심만만하게 조직에서 행동하며 결국에는 인간성이 아니라 실적으로 평가받는다고 생각한다. 실리콘밸리야말로 '업무상'이라는 명목하에 모든 걸 용서받기를 바라는 사람들이 북적대는 곳이다. 그들의 '실제' 모습은 과연 어떨까?

의지와 열정은 판이하게 다르다. 나는 레니에게 열정을 가지고 있냐고 물은 것인데, 그는 의지와 추진력을 가지고 있냐는 질문으로 받아들였다.

열정이란, 저항할 수조차 없이 어떤 것으로 당신 자신을 끌어가는 것을 말한다. 반면 의지란, 책임감 또는 해야만 한다고 생각되는 일에 의해 떠밀려가는 것이다. 만약 자신에 대해 아무것도 모른다면 그 차이를 알 수 없다. 조금이나마 자기 인식을 하고 있는 사람은 내가 어떤 분야에 열정을 가지고 있는지 알 수가 있다. 어떤 목표를 달성하고 싶다는 욕망은 열정이 아니며, 일정 수준의 몫이나 보너스, 또는 회사를 매각하여 현금을 벌고 싶다는 욕심도 열정이 아니다. 다른 사람의 성취를 따라 하기 위해 노력하는 것도 열정이 아니다. 그것은 의지에 가깝다.

'미뤄 놓은 인생 설계'의 삶에서 1단계에 발휘되는 것은 의지다. 잠시 보류시켜 놓은 2단계야말로 열정이 담겨 있는 시기다. 사람들은 2단계에 이르렀을 때, 열정이 저절로 부활할 것으로 생각한다. 일단 거기까지 도착하기만 하면 말이다.

프로비던스에 살던 시절 나는 열정이 있었지만, 그것이 정작 소중하다 생각하지는 못했다. 법학대학원에서, 이후 변호사 일에 집중하며 나를 몰아가던 시절에는 열정을 찾으려고 별 노력을 해 봐도 찾을 수 없었다. 그러다 실리콘밸리로 건너와 애플, 클라리스, GO, 루카스아트LucasArts에 근무하면서 일에 대한 열정이 되살아났다. 하지만, 의지와 열정이 서로 갈등을 빚기 전까지는 그 둘의 차이점이 뭔지 알지 못했다.

약 4년 전, 나는 당시 설립 3년차 비디오 게임 회사인 크리스털 다이내믹스Crystal Dynamics의 대표였다. 이전까지는 조지 루카스의 계열사 중, PC용 게임과 교육용 소프트웨어 개발사인 루카스아트 엔터테이먼트의 대표로 재직했었다. 이 회사의 주력 상품은 영화 〈스타워즈〉에 바탕을 둔 제품들이었다. 그곳은 독창적이고 재능 있는 직원들이 넘쳐나서 신나게 일할 수 있는 회사였다. 그러나, 크리스털 다이내믹스를 거론하는 헤드헌터의 전화를 받고 이직 결심을 굳힌 이유는 자율적 의사결정을 할 수 있는 권리가 주어질 거라는 기대 때문이었다. 내가 원하는 대로 게임을 만들 수 있는 독립적인 회사를 경영하고 싶다는 생각이 있었다. 루카스아트로 옮길 때도 경영권 조항이 있었지만 실현될 가능성은 거의 없었다.

1995년 중반, 나는 과학기술의 발달로 '이야기의 전달방법'이 달라질 수 있다는 비전에 매료되었다. 컴퓨터와 첨단장비들의 도움으로 독자들을 스토리에 직접 참여시킬 수 있다는 것을 난생 처음 믿기 시작했다. 당시 컴퓨터 게임은 5센트짜리 활동사진 시절의 영화처럼 원시적 단계였다. 나는 컴퓨터라는 매체의 기본원리와 표현방법을 발전시킬 기회를 잡고 싶었다.

크리스털 다이내믹스는 '차세대' 비디오 게임 유행을 타고 설립된 회사였다. 주력 사업은 TV와 연결하여 게임을 하는 콘솔용 게임박스였다. 차세대 콘솔 게임은 보다 빠른 진행과 선명한 그래픽을 자랑하며, 당시로는 신상품에 속하던 32비트와 64비트 프로세서에서 운영됐다. 게임 업계에서는 3DO, 닌텐도, 소니, 세가가 나름의 독특한 영역을 구축하고 있었다. 콘솔 게임은 빠른 반사 신경이 필수조건이기 때문에 '손목이 망가지기 쉬운' 게임이라 불리기도 했고, 10대 청소년들의 취향에 맞게 근육질의 영웅들과 상체가 발달한 여자,

유혈이 낭자한 전투가 주로 등장했다.

처음에는 루카스아트의 영화 같은 PC 게임과 비교해 볼 때 크리스털의 비디오 게임이 장난감처럼 보이는 게 고민이었다. 하지만 '차세대' 시장이 붐을 일으키고 크리스털이 초반부터 승기를 잡을 수 있으려면 대화식 스토리 전개에 초점을 맞춰야 한다고 생각했다.

크리스털에 막 합류했을 때는, 기존의 경영진이 투자 유치를 위한 전국적인 로드쇼 준비를 마친 다음이었다. 대표로서 맡은 첫 번째 임무가 로드쇼 개최였고, 성공리에 막을 내렸다. 원래 목표는 1,500만 달러였는데 2,500만 달러가 넘는 투자 약속을 받았고, 그중 아주 파격적인 조건으로 2,000만 달러만 받아들였다. 당시로서는 상당한 금액이었다. 투자자들은 우리의 구상을 아주 마음에 들어했다.

그 구상은 내가 대표로 부임을 하기 전부터 마련돼 있던 계획이었다. 제작에 착수할 게임의 수, 각 게임의 예상 시장 점유율, 개발 일정 등이 중심 내용으로, '차세대' 콘솔 시장이 성장할 것이라는 가정하에 만들어진 것이었다. 부임한 지 얼마 되지도 않았을 때라 제대로 검토할 시간이 없었지만 계획에 별 무리가 없어 보였다. 계획대로 최선을 다하면 되는 것이고, 계획대로 진행되지 않을 경우에는 나중에 바로잡을 수 있다고 생각했다.

로드쇼를 마치고 사무실로 복귀한 나는 제작팀, 영업팀의 주요 인사들과 면담하기 시작했다. 투자자들에게 설명한 목표를 달성하려면 상세한 실행 계획이 필요했다. 막바지 여름 몇 주 동안 우리는 피자와 카페인을 연료로 마라톤 회의에 들어갔다. 그런데, 얼마 되지 않아 내 머릿속에서 경고 벨이 울리기 시작했다. 계획을 예정대로 진행시키는 것이 불가능했다. 세상의 모든 피자를 끌어다 연료로 삼아도 모자랄 판이었다.

여러 가지 고민이 생기기 시작했다. 투자자들이 관심을 보인 이유 중에는 내가 루카스아트에서 남긴 실적도 포함돼 있었을 것이다. 그 사람들의 눈에는 내가 세운 계획으로 보일 텐데, 나중에 수정하면 된다는 생각을 하다니 안일한 발상이었다. 투자자들을 실망시킬 수는 없는 노릇이었다. 그 계획을 달성한 뒤에, 좀더 쌍방향적인 스토리 진행 방식으로 발전시키고 싶었는데 갑자기 커다란 난관에 봉착했다.

첫 번째 문제는 '차세대' 게임시장에 관한 것이었다. 게임시장이 얼마나 빨리 성장할 것이고, 누가 승자가 될 것인가? 콘솔 게임업체가 면도기를 만든다면, 크리스털은 면도날을 만드는 식이었다. 하지만 면도기를 만드는 업체가 힘을 쓰지 못한다면? 크리스털이 첫 번째로 기대를 걸었던 '차세대' 콘솔 게임의 원조 격인 3DO는 허우적거리고 있었고, 두 번째로 기대를 걸었던 세가 역시 출발부터 조짐이 그저 그런 상태였다.

두 번째 문제는 그렇게 빠른 시간 내에 수준 높은 작품을 만드는 것이 무리라고 제작팀이 지적한 일이다. 게임 제작 편수가 충분하지 않다면 게임시장이 예상만큼 성장한다 해도 크리스털은 곤경에 처할 수밖에 없었다.

불행하게도 계획 진행상의 이러한 어려움 정도는 가장 표면적인 부분에 불과했다. 면밀히 살펴본 결과 더 심각한 문제점들이 드러났다.

크리스털은 두 개의 조직으로 갈라져 내분을 겪고 있었다. 게임을 만드는 쪽과 판매하는 쪽이 서로 앙숙관계였던 것이다. 양쪽 모두 뛰어난 팀장과 재능 있는 사람들로 구성되어 있었지만 내가 부임하기 전부터 양 팀간의 골은 이미 깊어져 있던 상태였다. 변덕스러운 제작 일정에 골머리를 앓던 영업팀은 출시 예정일을 제대로 맞추지 못하는 데다가 소비자가 원하는 게임을 만들지 못한다고 제작팀을 비난했다. 반면 제작팀은 영업팀이 잠재 고객들에게 제대로 홍보하지도 못하면서 '아류작'만을 원하고, 무리한 제작 일정을 강요한다고 으르렁댔다.

여름이 끝날 즈음, 크리스털은 실현 불가능한 계획뿐 아니라 조직 내분 문제까지 겪게 되었다. 하지만 실패할 거라고는 생각하지 않았다. 동료들이 심상치 않은 조짐이 보인다며 염려할 때마다 이보다 훨씬 심각한 사태를 겪은 적도 있다면서 안심을 시켰다.

사실 나는 내 나름대로 회사의 근본적인 문제와 그에 따른 해결책에 대한 결론을 가지고 있었다. 선두 그룹에 들어가고자 하는 욕심에 제대로 된 게임을 만들기도 전부터 자체 영업 및 유통망을 갖춘 제작사 겸 유통사로 출발한 것이 문제였다. 영업팀이 제대로 유지되려면 시장성 있는 작품이 꾸준히 나와 줘야 하는데 크리스털은 아직 그럴 만한 능력이 없었다. 너무 많은 일을 한꺼번에 하려고 욕심을 부렸던 것이다.

루카스아트에서의 경험을 바탕으로 처음부터 조직을 바로잡아야 한다는 직감이 들었다. 영업팀의 규모를 축소하고 회사의 핵심이라 할 수 있는 제작에 치중해야 했다. 소수의 고품질 게임 제작에 전력투구하되, 판매는 외부 유통사를 통해 해결해야 했다. 히트작이 어느 정도 생기면 영업팀을 다시 꾸리고, 유통사에 넘겼던 판매권과 수익을 되찾아 와야 했다. 창업 이념은 지키되 위험부담이 적은 길로 가자는 취지였다.

당연한 일이지만 계획이 폐기될지도 모른다는 소식에 임원진들은 침통해 했다. 로드쇼에서 맛본 성공이 생생한 데다 경영상의 문제점에도 불구하고 원래 목표인 '차세대' 게임계의 선두 주자, 제작과 유통을 겸하는 완벽한 기업으로 급부상하는 것을 달성할 수 있다고 믿는 임원들이 많았기 때문이다.

나는 임원진의 반대를 무릅쓰고 고집대로 밀어 붙이는 대신, 두 가지 대안을 제시했다. 하나는 다른 회사 및 제작팀을 흡수해서 회사의 규모를 늘리는 것이고, 또 다른 하나는 회사를 매각하는 것이었다. 크리스털 다이내믹스의 직원과 제품, 시장 내의 입지를 인정해 주는 기업을 찾는다면 직원을 해고할 필요도 없고, 투자자의 수익도 높일 수 있었다. 게다가 나 역시 이 딜레마에서 벗어날 수 있었다.

그 뒤로 몇 달 동안 매각 상대를 물색하고 잠재 후보자들과 이야기를 나눴지만 만족할 만한 적임자가 없었다. 겨울 내내 회사를 넘길 만한 기업을 찾아 사방으로 뛰어다녔다. 가능성이 보이는 사람들과 심도 있는 논의도 해 봤지만, 날이 갈수록 우려했던 점이 현실화될 따름이었다. 게임업계가 안정되는 추세라면 어느 누구라도 크리스털보다 수익이 많고 인기 제품도 많은 회사를 먼저 인수 대상에 올릴 것이라는 우려 말이다.

내가 제시한 두 가지 대안을 놓고 임원진의 반응도 나뉘었다. 굴지의 기업이 될 수 있다는 꿈을 버리지 못하고 매각에 반대하는 사람이 대부분이었다. 적임자가 나타나더라도 기업가치 하락이 불가피할 것이기에 매각 역시 최선책은 아니라는 의견도 나왔다. 인터넷 벤처기업의 '섣부른 주식 공개' 열풍을 예감했는지 일부 임원진은 주식 공모를 하자고 했지만, 그렇게 한다 해서 운영상의 문제점들이 해결되는 것은 아니었다. 우선은 내부의 질서를 바로잡는 것이 급선무였다.

1월이 지나고 2월이 또 지났지만 어떤 것도 결정된 것이 없었다.

이렇게 불면의 밤이 시작됐다. 잠을 잘 수 없었던 것은 사업상의 문제 때문이 아니었다. 사태가 심각하기는 했지만 그보다 더 심각한 상황에 처한 회사에 있을 때도 잠을 못 자지는 않았다. 크리스털과 나의 관계가 근본적으로 어긋났기 때문이었다.

문제점과 해결법을 알고 있으면서 왜 실행에 옮기지 않는 것일까? 왜 영업팀을 축소시키지 않았을까? 다른 문제

가 있을 때는 임원진을 잘 설득하면서 가장 중요한 시점이
라 할 수 있는 지금은 왜 그러지 못하는 걸까?

크리스털에 합류한 지 1년 만인 5월이 돼서야 해답이 떠
올랐다.

그 달에는 게임업계가 매년 주최하는 세계게임전시회Elec-
tronic Entertainment Expo, 즉 E3가 로스앤젤레스에서 열렸다. 게임
산업에 점점 관심을 보이던 할리우드는 스타 군단과 유명인
을 앞세워 유혹의 손길을 내밀기 시작했다.

우려했던 일이 일어났다. 좋은 기업으로 보이기 위해 엄청
부풀렸는데도 크리스털은 초라하기 짝이 없었다. 춤추는 도
우미와 사인을 해 주는 미녀, 최근 출시작을 소개하는 대형
스크린까지 동원한 몇몇 유통업체들 틈에 끼어 있는 크리스
털은 너무 왜소해 보였다.

어느 날 저녁, 나는 친구 토니와 함께 파티에 참석했다. 프
랑스와 인디언계 혼혈인 토니는 아주 똑똑하고 이국적인 여
성으로 뛰어난 미적 감각의 소유자였고, 시대를 앞서는 멋진
PC게임을 만들어 내는 회사의 공동 창립 멤버였다. 이 회사
가 만드는 게임은 베스트 셀러는 아니었지만 혁신적이면서
도 아름다웠다. 그녀가 크리스털의 무차별 난사식 판타지 게
임을 달갑지 않게 여기는 것도 당연했다.

기분 좋게 취한 채 리무진을 타고 고속도로를 달려가는데 그녀가 갑자기 나를 보며 물었다.

"무엇 때문에 게임업계에서 일하는 거야?"

그녀가 강조하는 부분은 '게임업계'였다. 무엇 때문에 게임업계 일을 하는가?

술이 조금 깬 나는 장황하게 비전을 설명했다. 아직은 초기 단계지만 재미와 스토리가 결합된 새로운 시대가 열리기 시작하는 시점이고…… 여러 기술을 종합해서 만들어 가는 중이고……기타 등등.

그녀는 나의 일장연설에 끝까지 귀를 기울였다. 하지만, 말이 끝나자마자 팔짱을 낀 채 단도직입적으로 말했다.

"미안하지만 네가 하고 있는 일은 빌어먹을 게임 일인걸?"

순간 술이 덜 깬 머리를 망치로 얻어맞은 듯 정신이 확 들었다.

어렸을 적 나는 게임을 해 본 적이 없다. 지금까지 비디오 게임 역시 한 번도 해 본 적이 없다. 그것보다 훨씬 중요한 일이라 여겼던 것들이 항상 있었다. 육체적인 기술의 묘미가 있었기에 나는 스포츠를 좋아했다. 게임은 오락거리에 불과했다. 나는 확실히 게이머가 아니었다.

한숨을 쉬며 푹신한 의자에 몸을 기댔다. 갑자기 어깨가

가벼워지는 듯한 기분이었다.

"내가 하고 있는 일은 게임 일이지."

나는 토니에게, 그리고 내 자신에게 이렇게 속삭였다.

나는 영화적 기법의 쌍방향 게임을 만들 생각으로 크리스털에 발을 들여놨지만, 그런 게임을 만들 수 있는 가능성은 이미 몇 달 전에 사라져버렸다. 회사의 규모를 축소하면 부인하고 싶었던 사실을 인정해야 된다는 의미와 같았다. 즉, 크리스털은 단순하고 평범한 비디오 게임 회사밖에 될 수 없다는 사실을 말이다. 나의 의지는 '인정하고 필요한 조치를 취하라'고 외쳤지만 열정이 이를 막았다.

다음 주 월요일, 회사로 돌아간 나는 두 참모를 불러 그들 또한 이미 알고 있는 사실을 강조했다. 우리 크리스털 다이내믹스는 한꺼번에 너무 많은 일을 시도했다는 것을 말이다. 경쟁 회사들의 규모로 볼 때 궤도를 수정하지 않으면 살아남을 수 없으니, 회사의 핵심을 남기고 모두 축소해야 한다고 지시했다. 아무 조치도 취하지 않던 나 때문에 오래전부터 골치를 앓던 두 사람이었지만 내가 내린 결단에 언짢아했다. 구조조정 방안을 모색해 보라는 지시를 내리자 두 사람은 각자의 사무실로 돌아갔다.

그 다음, 주요 임원진을 불러 내 의사를 전달했다. 예전에도 여러 번 거론된 적이 있었지만 늘 결론 없이 흐지부지 끝나고 말았다. 이번만큼은 매듭지어야 했다. 나는 폭탄 선언을 곁들였다. 대표직을 사임할 것이고, 회사가 구조조정을 마칠 때까지는 남겠지만 경영에서는 손을 뗄 생각이라고. 나는 크리스털에 적합하지 않은 사람이었다.

결국 서로 치열하게 싸웠던 두 참모까지 회사를 그만뒀다. 임원진 중 한 사람이 나서 구조조정을 마친 크리스털은 소수의 수준급 게임만을 만들고 유통은 대규모 기업에 넘겨 관리하기로 했다. 크리스털은 2년 뒤, 대규모 비디오 게임 회사에 매각됐다.

내 사임은 일에 관련된 많은 사람들에게 혼란과 씁쓸함을 주었다. 평생 용서받지 못할 짓을 저지른 듯한 심정이었다. 날고 있는 비행기에서 뛰어내린 것 같았다. 하지만 레니에게도 했던 질문을 나 스스로에게 했을 때, 내 열정과 회사에 필요한 조치의 차이에서 생기는 부조화를 무시할 수는 없었다. 큰 목표 설정은 물론 이를 실현시킬 가능성이 없는 크리스털은 내가 평생을 바칠 수 있을 만한 회사가 아니었고, 이는 지금 당장 회사를 그만둬야 한다는 것을 의미했다.

PetUniverse.com 사업설명을 듣던 때로 돌아가 보자. 내가 크리스털에서 시작했을 때는 최소한 나름의 구상과 열정만은 가지고 있었다. 하지만, 이들의 사업설명에서 느껴지는 것은 욕심뿐이었다.

벤처기업의 모습에 대해 점점 더 혼란스러웠다. 편의주의가 난무했다. 미래의 비즈니스 리더를 발굴하는 게 아닌, 빠른 성공에 의지를 불사르고 '돈이면 전부'라는 사고방식을 가지고 있는 투기꾼과 사업가들을 복제 생산하고 있는 게 아닌가 하는 생각이 들었다. 하늘은 장기적으로 생존하고 운영되어야 하는 사업을 도울 테니 말이다.

나는 집으로 돌아와 메시지를 확인했다. 이런 식으로 오전을 보내고 났더니, 레니에게 이메일을 보내야 할 것 같았다.

'미뤄 놓은 인생 설계', 우선은 의지를 가지고 일단 추진하고, 그 다음 열정을 쏟는다.

누가 이런 인생을 원할까?

다시 한 번 묻습니다.
레니.
제 질문의 의도를 완전히 잘못 받아들이셨군요.
평생 한 가지 일에만 매달리라는 뜻이 아니었습니다. 내일 당장 숨을 거두게 된다면 오늘 어떤 일을 하고 싶을지 생각해 보라는 뜻이었습니다. 의지와 열정을 혼동하지 마십시오. 의지는 떠밀려 가는 것을 말합니다. 의무감과 책임감 때문에 말입니다. 열정은 본래의 자신과 일치되는 일을 하고 있을 때 느끼는 유대감 같은 것이지요. 열정이 있어야 어려운 시기도 극복할 수 있습니다.

MBA에서 가끔 강의를 할 때 저는 이런 말을 합니다. 비즈니스를 가치 있게 만드는 것은 재정이 아닌 애정이라고요.

Funerals.com에도 그 자체만으로도 힘이 되는 무엇이 있어야 어떤 역경이 닥치더라도 딛고 일어설 수 있습니다. 제 경험을 말씀 드리자면 돈을 벌 수 있다는 희망이나 기대는 그런 역할을 하지 못합니다. 자신에게 다시 한 번 질문해 보세요.

잘 있어요.

_랜디

6
큰 의미가 있는 일, 진정한 비전

THE MONK AND THE RIDDLE

다음날 아침, 나는 임원 회의를 위해 산호세로 떠났다. 280번 고속도로를 타고 남쪽으로 달리는 길에서는 샌프란시스코로 연결되는 반짝이는 호수나 언덕이 보이지는 않는다. 스탠포드의 널찍한 벌판에서 풀을 뜯고 있는 소나 대형 전파망원경이 잠깐씩 보인다. 그러다 금세 꼬불꼬불한 길이 나타나 목가적인 풍경을 대신한다. 제일 먼저 등장하는 것은 주택과 쇼핑센터 건설이 한창인 외곽 지역이고, 이후 앞면만 화려하고 다른 각도의 세 면은 허름하기 짝이 없는 1층 혹은 2층짜리 건물들이 줄곧 이어진다. 새로운 산업의 물결에 따라 서둘러 지은 '날림' 건물들이 체리와 자두, 살구 농장을 밀고 들어왔다.

여기가 바로 페어차일드, 인텔, 그리고 그들의 자회사들이 태어난 실리콘밸리의 '실리콘'이다. 마이크로 프로세스 공장, 칩 제조실, 토끼 소녀 같은 가운을 입어야 출입 가능한 무균실이 있는 그곳이다. 새로운 사람들이 이민을 올 때마다 분위기가 달라지는 빈민가처럼 이곳 역시 칩, 컴퓨터, 소프트웨어 회사를 거쳐 이제는 인터넷 사업 지원자들이 짐을 풀고 있다. 훗날 인류학자들은 끊임없이 변화하는 이런저런 제품 모델들의 폐기물을 조사하며, 어떤 사업이 밸리의 각 시대를 장식했는지 알게 될 것이다. 유행의 사이클이 바뀔 때마다 경쟁회사들이 밀물처럼 들어온다. 해당 업계가 정점에 이르면 승리하는 회사는 몇 개로 좁혀진다. 그러면, 곧바로 다른 사업의 리더가 되고 싶은 지망생들이 순식간에 밀려와서 빈자리를 메운다. 이것이 바로 밸리식 '재활용'이다.

나는 오락 문화를 뒤흔들어 놓겠다는 선언으로 많은 주목을 받으며 질주하고 있는 TiVo 사무실로 서둘러 달려갔다. 아침부터 회의실은 활기로 가득했다. 데님 티셔츠와 카키색 바지를 입은 각계각층의 벤처캐피털리스트들과 비즈니스 리더들이 이곳저곳에 모여 패스트리와 베이글을 먹고 있었다. 한쪽에서는 경영진이 이사회 임원들을 맞이했다. 대표이자 창업 멤버인 마이크 램시는 차이나 칼라에 주름 잡힌 바지로 로스앤젤레스 특유의 스타일 차림이었다. 품위 있는 회색 머리가 특징인 40대 후반의 그는 요즘 벤처기업인 치고는 흔치 않은 인물이었다. 침착하고 세련됐으며 동료를 아낄 줄 아는 노련한 리더 타입이었다. 파트너이자 공동 창업자인 짐 바튼은 마흔 살로, 청바지에 버튼다운 셔츠를 입고 있는 모습이 꼭 목장에서 자라 온 사람 같았다. 진지한 타입의 개발자인 그는 항상 솔직히, 절대 돌려 말하지 않는 사람이었다. 나머지 경영진들은 마이크와 짐의 중간 정도되는 차림을 하고 있었는데, 중간중간 일을 보러 자리를 비우곤 했다. 레니가 봤으면 좋아했을 것 같은 감색 양복과 흰색 셔츠를 단정히 차려입은 뉴욕 출신의 이사는 사람들과 약간 떨어진 자리에서 커피를 한 잔 따르더니 우유를 듬뿍 넣었다.

꾸밈이라는 표현이 맞을지 모르지만 회의실은 '전형적인 밸리 스타일'의 실용적이고, 거만하지 않은 모습으로 꾸며져 있었다. 열댓 명이 앉을 수 있는 회의용 원목 테이블이 거의 대부분의 공간을 차지하고 있었고, 한쪽 구석에 우두커니 서 있는 텔레비전 위에는 커다란 랩톱 컴퓨터 만한 검은색 박스가 얌전히 놓여 있었다. 반짝거리는 신형 고급 차들이 자리를 차지한 주차장만 없었다면 여기 모인 사람들이 밸리에서 가장 유명한 벤처캐피털리스트들과 사업가들이라는 걸 아무도 모를 것이다.

　지금처럼 진행 상황이 분 단위로 측정되는 초기 단계에는 월간 임원진 회의를 여는 게 일반적이다. 이제 겨우 2년 남짓 된 TiVo지만, 소니, AOL, 디즈니, DIRECTV, 필립스, CBS, 리버티 미디어, TV가이드, 쇼타임, 퀀텀 등 유명 투자 파트너들로부터 유치한 돈이 1억 달러에 달한다. 이미 세계적인 수준의 제품 생산과 서비스를 시작했고 뛰어난 팀원이 많았다.

　현재 TiVo는 창업가들 대부분이 천국에 가까이 왔다고 생각하는 단계인, 상장을 목전에 두고 있었다. 하지만 회의실에 나와 있는 경영진을 보면 의기양양하다기보다 지친 기색들이었다. 게다가 레니나 기타 벤처 사업가 지망생들과 달리, 이들에게 상장은 최후 목적이 아닌 수단에 불과했다. 또다시 먼 길을 떠나기 위해 기름을 채우고 타이어를 갈기 위한 임시 정거장일 뿐이었다.

　TiVo가 이렇게 최상급 지원을 받을 수 있었던 이유는 엄청난 잠재력 때문이다. 아이디어가 가지고 있는 힘과 근본적인 변화를 불러일으킬 수 있는 가능성이 컸다.

　내가 이 회사의 아이디어를 처음 접한 것은 1997년 가을, 실리콘밸리 전문가이자 칼럼니스트이며 벤처캐피털리스트인 스튜어트 앨솝과 통화하면서였다. 당시에는 인스티튜셔널 벤처 파트너스Institutional Venture Partners에, 지금은 레드포인트 벤처스Redpoint Ventures에 근무하는 유명 벤처캐피털리스트인 제프 양과 함께, TiVo의 전신인 텔레월드Teleworld라는 벤처기업에 투자를 생각하고 있다는 것이었다. 며칠 후 나는 콘디 토레이에서 이들의 창업 아이디어 설명을 들었다.

마이크 램시는 실리콘 그래픽스Silicon Graphics 전반을 관리하던 유명한 간부였고, 짐 바튼은 같은 회사에 다니는 천재 개발자였다. 그때까지 만나 본 창업 지망생들 중, 두 사람은 원숙함과 경력 면에서 단연 돋보였다. 당시 실리콘 그래픽스는 주문형 비디오 문제를 놓고 플로리다 주 올랜도에서 타임워너 케이블과 소송을 진행 중이었다. 시청자들이 수많은 영화를 안방에서 마음대로 골라 볼 수 있도록 하겠다는 원대한 계획은 법정에서 패소 판결을 받았지만, 마이크와 짐은 이 과정에서 얻은 노하우를 바탕으로 벤처기업을 창업하려 하고 있었다.

텔레월드 아이디어는 새로운 종류의 하드웨어를 판매하겠다는 것이다. 이 하드웨어는 오디오 및 비디오 콘텐츠 등 통신으로 전달되는 정보를 디지털로 저장할 뿐 아니라, 이제는 가정에서 흔히 쓰는 컴퓨터, PDA, 인터넷 장치 등 모든 디지털 장비를 서로 연결시켜 주는 장치였다. 시대를 너무 앞서 가는 실수를 할 수 있고, 소비자들이 제품의 진가를 알아보는 데 시간이 걸릴 우려도 있기에, 마이크와 짐은 먼저 몇 시간 분량의 TV프로그램을 디지털화해 저장할 수 있는 기기를 보급할 계획부터 세웠다. 똑똑한 프로그램이 들어 있는 첨단 VCR과 비슷한 장치였다. 이와 같은 정보 저장에 필요한 시스템 사양이 높았기에 제품의 가격은 상당 수준에 이를 전망이었다.

그들의 아이디어를 듣는 순간 몸이 움찔했다. GO와 웹TV에서 일했던 경험으로 소비자용 하드웨어 사업분야는 이익이 별로 없다는 것을 잘 알고 있었기 때문이다. 이 분야는 막대한 투자와 광범위한 유통망이 필요하며 사업 진행 속도가 느렸다. 소비자용 하드웨어는 소비자와 관련 업계 파트너들(이 경우 광고주, 개발자, 네트워크)에게 전달되는 서비스를 통해서만 가치를 얻을 수 있었다. 게다가 이런 아이디어의 경우 수익모델이 불안정했다. 이윤을 맞추기 위해 가격을 높게 책정한다면, 서비스 제공으로 이윤을 창출할 수 있을 만큼 충분한 규모의 소비자를 확보할 수 없다. 소비자의 수가 늘어난다 해도 비용 증가가 전혀 또는 거의 없는 인터넷 서비스나 소프트웨어와는 달리, 이런 종류의 사업은 소비자 확보를 위해 원가 이하로 가격을 낮추는 순간 파산으로 가는 지름길이 될 가능성이 높았다. 마이크와 짐은 몇 십만 대가 목표라고 했지만 그 정도 수로는 서비스 공급업체나 광고주를 만족시킬 수 없다. 수백만 대가 순식간에 팔려야만 했다. 나는 이렇게 말했다.

"이 사업은 거대한 시장에 씨앗을 뿌리는 것일지 모릅니다. 열매는 전자제품 업계의 거대기업과 서비스 공급업체들이 거두겠지요."

새로운 시장을 개척하는 것은 좋지만, 그 시장에서 생존하는 다른 업계에 사실상 이윤을 모두 뺏기는 일은 없어야 한다고 주의를 주었다. 얼마나 기분 잡치는 말이었을까? 솔직한 의견 고맙다며 정중히 인사하는 두 사람과 헤어지면서 나는 이들이 하드웨어 시장에서 성공을 거두리라고는 상상조차 하지 않았고, 두 사람의 연락을 다시 받게 될 줄도 몰랐다. 기업가들은 틀렸다는 말을 달갑게 여기지 않는다. 가만히 앉아 지적당하는 걸 체질적으로 싫어한다. 밸리에서 터무니없는 아이디어들이 수없이 탄생되는 이유가 바로 그 때문이다. 사업을 할 때 조금은 눈도 멀고 귀가 막힌 것도 좋지만, 완전히 눈이 멀고 귀가 막히면 (사실 많은 사업가들이 그렇지만) 시장을 파악하고 조언을 들으며 비전을 현실로 만들어

가는 작업을 할 수가 없다.

놀랍게도 마이크가 일주일 뒤에 전화를 걸어오더니 다시 만날 수 있겠냐고 물었다. 내 충고를 전부 받아들이지는 않았지만 심사숙고 끝에 좀 더 개선된 방향으로 계획을 수정한 것이다. 그 결과 훨씬 더 성장한 TiVo가 되어 있었다.

요점을 간단히 말하면, TiVo는 수익모델을 하드웨어 판매에서 서비스 중심으로 바꿨다. 이들이 내세운 비전의 핵심은 '개인화된 텔레비전'이었다. 프로그램 녹화기능이 있는 기기를 통해 시청자들이 원하는 프로그램을, 원하는 시간에 볼 수 있도록 서비스를 제공한다는 것이다. 대량 판매를 위해 가격 역시 낮췄다. 그것은 도박이었고 재정적 위험에 빠질 수도 있었다. 제품을 원가보다 싸게 팔면서 어떻게 이윤을 남길 수 있을까? 답은 '규모'에 있었다. 서비스 가입자, 광고, 상거래 등 현금을 창출해 낼 수 있는 서비스를 통해 손실을 충당할 수 있을 만큼의 대규모 시청자를 확보하려는 것이었다. 매출 기반 서비스를 통해 얻어지는 수익의 규모, 소비자와 관련 업계 파트너들로부터 얼마의 이익이 창출되게 할 것인가의 균형을 맞추는 것은 나중에 결정할 문제였다. 디지털 저장기능을 갖춘 텔레비전과 셋톱박스가 널리 보급되면 하드웨어 생산 비용도 점점 0원에 가까워질 것이라고 추정했다. 이 시점이 되면 훨씬 강한 수익모델을 갖춘 TiVo는 서비스만을 공급하는 업체가 될 것이다.

나는 그들의 새로운 아이디어를 들으면서, 만약 이 사업이 성공한다면 텔레비전 프로그램과 네트워크 시간대를 연결하는 가상의 구조가 깨질 것이라는 걸 깨달았다. 만약 프로그램을 녹화해서 보기 시작한다면, 광고는 더 이상 시청자를 확보할 수 없게 된다. 광고가 나오는 부분을 건너뛸 수 있으니까 말이다. 일요일 아침에 방송되는 프로그램을 주중 황금 시간대에 볼 수도 있고, 그 반대도 가능하다. 황금 시간대를 잡기 위해 상당한 비용이 지불된 광고라도 시청자에게 전달되리라는 보장이 없다.

TiVo 장비만 있으면 자신이 시청하는 시간이 곧 황금 시간대가 된다. 방송국이 가지고 있던 프로그램 주도권도 개별 시청자에게 넘어온다. 이제 텔레비전은 더 이상 모든 사람에게 똑같은 내용을 전달하는 매체가 아닌 것이다.

뿐만 아니라 TiVo는 쌍방향 채널을 기본으로 한다. 데이터 전송과 고객 지원이 전화선을 통해 이루어지기 때문에 개별 시청자와 직접 접촉할 수 있다. 시청자는 무수히 많은 목적을 위해 TiVo와 소통할 것이다. 처음에는 어떤 프로그램이나 출연진에 대한 의견이 대부분이겠지만 궁극적으로는 어떤 배우가 입은 블라우스를 구입하고 싶다는 시청자가 생길지도 모른다. 개별 시청자가 좋아하는 프로그램을 TiVo박스가 기억하고 있다가 자동으로 검색해서 저장해 줄 것이다. 결국 시청자들은 자신이 원하는 광고와 메시지만을 골라서 볼 수 있다는 것이다. 이런 서비스의 바탕에는 첨단 기술이 필요하겠지만 사용자들은 기술에 관해 알 필요가 없다.

점차 세분화되고 있는 시청자들의 관심사를 간파한 사업이었다. 정보가 알려진 200만 시청자가 정보가 안 알려진 2,000만 명보다 훨씬 가치 있을지 모른다. 고급 스포츠카의 경우 아이가 셋 이상인 맞벌이 부부보다는 부유한 소수의 독신 남성에게 광고를 내보내는 게 효과를 높일 수 있기 때문이다. 무엇보다 개인 정보의 공개 여부가 시청자들의 손으로 결정된다는 점이 큰 장점이었다. 가능성이 무궁무진한 아이디어였지만 성공을 거두려면 많은 부분들이 서로 조화를 이뤄야 했다. 게다가 방송 업계 종사자들이 변화를 두려워한 나머지 훼방을 놓을 수도 있었다.

내가 이들과 두 번째 회의를 위해 콘디토레이에 앉았을 때 머릿속은 가능성을 점치느라 복잡했다.

"2,000만 달러가 아니라 시작하는 데만 2억 달러는 필요하겠군."

성공하려면 광고주, 프로그래머, 방송국, 콘텐츠 제작자들과의 복잡한 관계를 잘 조절할 수 있는 노련한 경영진이 있어야 했다. 이들을 변화에 동참시키지 못하면 서로 적이 될 위험을 각오해야 했다. 미래의 TV산업에서 중요한 역할을 차지하게 될 이들을 무시할 수 없었다. 결국 콘텐츠를 전달하는 것이 중요하고, 누군가는 그 콘텐츠에 대한 비용을 지불해야 된다. 모든 것을 유료화할 수는 없기에 이 모델에서는 광고주가 중요한 역할을 차지할 것이다. 또한 콘텐츠와 광고는 네트워크와 방송국을 통해 시청자에게 전달된다. 때문에 최첨단 기술 외에 외교적 수완이 필요해진다.

큰 의미를 담은 사업구상이 주는 매력은 너무나 강했다. 두 사람이 함께 일하고 싶다는 뜻을 밝혔을 때 나는 조금도 망설이지 않았다. 결국 이사회 집행위원회에 합류했다.

마이크와 짐은 2년 동안 끊임없이 업계 사람들을 설득했고 초기 불안감을 해소시킨 후 결국에는 지원을 받아냈다. 이제 TiVo가 기술력으로 시청자를 확보하려면 엄청난 자금이 필요했다. 월스트리트로 진출해야 할 시점이었다. 오늘 임원진 회의는 주식 공개를 앞두고 성공을 기원하기 위한 자리였다.

회의 내용은 주식 공모와 연관 있는 복잡 미묘한 법률적인 문제들이 대부분이었다. 신망 높은 밸리 기업으로 꼽히는 쿨리 가드워드 사의 변호사들이 나와서 증권거래위원회 측의 평가, 즉 비공식 발행안을 검토했다. 거의 대부분이 아는 이야기였기 때문에 간단하게 넘어가는 눈치였다.

다음으로 거론된 것은 직원들의 스톡옵션이었다. 증권거래위원회 측은 일부 스톡옵션이 시장가보다 낮게 측정됐다고 주장했다. 벤처기업들이 어떤 식으로 돌아가는지, 또한 주식 공개를 앞두고 큰 변화가 얼마나 갑자기 찾아올 수 있는지에 대해 저들이 조금이라도 관심이 있다면, 밸리의 거의 모든 기업들이 왜 주기적으로 '값싼 주식' 문제에 직면하는지에 대해 이해했을 것이다.

'침묵의 기간' 동안 주식 공개 문제를 거론하지 말라는 주의사항도 있었다. 이는 사전에 주식을 홍보하는 행위로 간주될 수 있기 때문이라는 게 저들의 설명이었다. 일반 관행대로 주식을 공모한 뒤, 180일 동안 직원 및 투자자들은 TiVo의 주식을 거래할 수 없다고 지적했다.

마지막으로 증권거래위원회는 내 직함인 '가상 CEO'의 명확한 설명을 요구하면서 잘못 인식될 소지가 있으므로 직함을 변경할 수 있는지 물었다. 늙은 개는 새로운 변화에 적응하지 못하는 법, 그렇기에 밸리에서 왜 새로운 경제가 싹을 틔우는지 다시 한 번 명백해졌다.

상장을 한다고 하여 너무 들뜨거나 도취되지 않도록 이사회는 경영진에게 당부했다. 아무리 오랫동안 경영에 몸담았던 사람이라도 주식이 공개되면 부자가 된다는 상상에서 자유로워지지 못한다. 회사를 위해 열심히 노력했던 사람들은 주식이 거래되는 첫날을 아마 잊을 수 없을 것이다. 이들에게 상장이란 그들의 생각이 옳았다는 것을 증명하는 기회가 되니까 말이다. 이 사업을 위해 왜 모든 것을 희생했는지, 이 사업이 왜 특별한지를 가족이나 친구들에게 설명하는 것도 멈출 수 있었다. 주식이 공개되고 주가가 오르면 누구든지 아찔할 것이다. 훌륭한 경영진이라면 널뛰는 주가를 무시하고 일에 집중하도록 직원들을 단속할 줄 알아야 한다.

TiVo가 앞으로 얼마나 발전할 수 있을지 아무도 모른다. 물론 시장과 비즈니스 모델이 아직 검증되지는 않았다. 관련 업계의 사람들이 방해할 수도 있고, 경쟁업체들이 나타나 크고 작은 기회를 가로챌지도 모르지만, 마이크와 짐은 기꺼이 도전을 받아들일 준비가 돼 있었다. 이들은 똑똑하고 노련하고 융통성 있고 적응이 빠르며, 승리를 위해 무엇이든 기꺼이 감수할 자세가 돼 있었다. 치고 빠지는 전략 같은 것으로 시간을 낭비하지도 않을 것이다. 이들의 목표는 오로지 '개인화된 텔레비전'이었다.

　오후 늦게 집에 돌아온 나는 반바지와 티셔츠로 갈아입고 언덕을 마주보고 있는 문을 열었다. 개들이 돌아다닐 수 있도록 한 다음, 운동실 겸 서재 겸 개들의 침실에서 한두 시간 정도 운동을 했다. 전화를 걸고 받으면서 역기를 들고 러닝머신을 뛰는 게 내 나름대로 고안한 '한번에 일 처리하기' 방식이었다. 이후, 이메일을 체크했다. 놀랍군, 놀라워. 레니가 사라지지 않았다니. 수신함 중간쯤에 '긴급' 메일임을 알리는 표시가 보였다.

성공 예감.

안녕하세요, 랜디 선생님.

엄청난 뉴스가 있습니다.

프랭크 씨에게서 전화가 왔는데 다음주 월요일 아침에 파트너들과 회의를 할 때, 저의 사업설명을 듣고 싶다고 했습니다. 얼마나 기다렸던 순간인지. 선생님께서 뭐라 말씀하셨는지 모르겠습니다만 정말 감사 드립니다.

다만, 작은 문제 한 가지가 생겼습니다. 파트너인 앨리슨에게 구직 제의가 들어왔습니다. 아마도 이직을 하려고 생각하는 것 같습니다. 초초해지기 시작했나 봅니다. 막 길이 보이기 시작한 시점에 말이죠. 제의가 들어온 곳은 건강제품 회사입니다. 인터넷으로 건강 관련 정보를 제공하는 일을 하게 될 모양인데, Funerals.com에 비교도 되지 않는 일입니다. 월요일 발표에는 참석 하겠다고 했지만, Funerals.

com와 새 직장 사이에서 흔들리고 있습니다.

프랭크 씨와 만난 뒤에 선생님을 뵐 수 있을까요? 선생님과 대화를 나눈다면 앨리슨도 다시 마음을 잡지 않을까 생각합니다. 프랭크 씨와의 일이 잘 풀리면 더 그렇겠지요. 앨리슨이 어떤 친구인지 선생님께서 잘 모르실 테니, 그 친구에게서 받은 이메일과 다시 수정을 한 사업계획서를 보내드립니다. 선생님께서 말씀하신 질문을 고민해 봤지만 현재로선 이번 회의에 집중하고 싶습니다.

드디어 돈 냄새가 느껴지기 시작합니다.

믿을 수가 없어요.

_레니

한숨이 나왔다. 이해가 안 된다. 현명한 벤처캐피털리스트들이 그렇듯, 프랭크도 장례용품이라는 대규모 시장의 냄새를 맡는 것이고, 당분간은 레니가 유일하기 때문에 만나 보려는 것뿐이다. 프랭크의 전화를 받자마자, 레니는 분명 내가 던졌던 질문들 모두를 내팽개쳤을 것이다. 하긴 창업자금도 생기고 부자가 될 수 있는 시점에 엉뚱한 형이상학적 문제에 신경 쓸 사람이 있을까?

앨리슨의 망설임은 레니를 괴롭히는 중요한 문제였다. 그녀마저 발을 뺀다면 레니는 큰 타격을 받게 될 것이다. 나는 그녀가 보냈다는 이메일을 열었다.

Re: 드디어 캘리포니아에 도착!

안녕, 레니.

좋아. 가겠어. Funerals.com이 사실 나와는 상관 없지만, 네가 실패하는 걸 원하지는 않아. 이걸 위해 정말 열심히 노력했잖아. 어쨌거나 잘되길 바래. 너는 그럴 만한 자격이 있으니까.

내가 같이 가더라도 그 일에 전념하겠다는 뜻이 아니라는 걸 이해하길. 예전 나의 관심을 일으킨 Funerals.com은 지금의 Funerals.com와 다른 것 같아. 너희 아버지께서 돌아가시고 힘들었을 때, 그때 사업을 계획했던 건 사람들이 죽음이라는 슬픔을 극복할 수 있도록 돕자고 했잖아. 싼값에 관을 파는 것이 아니라…… 시작은 그렇게 하는 게 좋을지도 몰라. 투자자들도 이윤에 관심이 있을 테니까. 내 생각은 뭐냐고? 나는 단순히 온라인 소매상이 되고 싶은 마음은 없어.

힘 닿는 데까지 도울게. 하지만 아직 결정을 내리지 못하겠어. 10일 안에 건강제품 회사에 연락을 줘야 해.

다시 봐.

_앨리슨

　레니의 파트너가 좀 더 좋은 직장을 제의받았기 때문에 발을 빼려는 것이라면 이렇게 놀라지 않았을 것이다. 불안한 벤처기업보다 그 곳이 훨씬 안정적일 테니까. 하지만 지금의 무미건조한 사업계획보다 원래 아이디어가 훨씬 인간적이고 감동적이기 때문일 줄은 상상도 못했다. 내가 보기에는 '상실감과 슬픔에 잠긴 사람이 슬픔을 극복할 수 있도록 돕자'는 게 관을 싸게 파는 것보다 훨씬 흥미로웠다. 훨씬 더 큰 시각이 담긴 비전이었다. 나는 앨리슨이라는 이 친구가 마음에 들었다.

비전을 담고 일한다는 것은 그 자체만으로도 사람들에게 열정과 책임감을 불어넣는다. 이는 조직 목표와 열정을 연결시키는 접착제 역할을 한다. 불가능한 것을 이루고, 큰 사람이 되려 하는 사람들에게는 재정적 보상보다 감동이 필요하다. 레니는 성공의 필수조건을 착각한 나머지 원래의 비전을 버린 것이다. 그는 Funerals.com을 하나의 공식으로, 방정식으로, 혹은 사업모델로 격하시키려는 어리석음에 빠지고 있다. 앨리슨은 회사가 작아 불안한 게 문제가 아니었다. 그녀에게는 Funerals.com에 애착을 느낄 무엇인가가 없다는 것이 핵심 문제였다.

동요하는 앨리슨과 공식에만 집착하는 레니를 보며, 애플에서 처리했던 협상이 떠올랐다. 내가 참여한 중요한 협상 중 하나로 최근에서야 자료가 공개될 만큼 아주 중요한 협상이었다. 애플의 비전은 '우리 모두를 위한 컴퓨터'였다. 하지만 고급 하드웨어 판매가 중심인 사업모델 때문에 매 분기 실적과 이윤에만 매달릴 수밖에 없었다. 경쟁업체들보다 높은 이익률과 가격대에 컴퓨터를 판매하기 시작하면서, PC 시장 점유율 형성에 어려움이 생겼다. 감각적이고 사용자 중심인 인터페이스가 높은 이익을 가져오기는 했지만, 사업 모델과 애플의 입지는 마이크로소프트Microsoft에 의해 위협받고 있었다. 1986년에 등장한 윈도 1.0은 당시 매킨토시 위주로 돌아가던 시장 환경에 영향을 미치지 못했지만, 애플은 마이크로소프트의 등장 의미를 잘 알고 있었다. 마이크로소프트가 애플이 점유하고 있던 시장에 본격적으로 진입함을 알리는 서막이라는 사실을 말이다. 마이크로소프트는 빠른 시간 내에 훌륭한 제품을 선보일 것이 틀림없었다. 애플과 어깨를 나란히 할 만한 제품이 만들어지면, 애플은 이익률을 낮춰야 하고 시장 점유율 하락 또한 감수할 수밖에 없었다.

애플 직원 대부분의 생각과 마찬가지로 나 역시 매킨토시 운영체제의 라이선스를 내줘서, 마이크로소프트보다 먼저 사용자 중심 컴퓨터 시장의 표준이 되어야 한다고 주장했다. 결국 그렇게 되어야 하는 게 바로 애플의 목표이자 사명이었다. 이를 위해서는 기존 사업모델을 분해하고 시장 점유율과 소비자 확보를 위해 이익률을 낮춰야 했다. 하지만 시장 주변만 맴돌다가 소비자들이 빠져나가는 모습을 지켜보는 것보다는 나을 것 같았다. 직속 상사인 법무 담당 이사는 애플의 기본 원칙을 어기지 않는 한도에서 맥Mac 운영체제의 라이선스를 내주는 방안을 모색하도록 내게 지시했다.

새로운 전략에 대한 첫 단추로 나와 내 동료는 워크스테이션 제조업계의 선두이자 매사추세츠에 본사를 둔 아폴로 컴퓨터Apollo Computer, Inc.와 맥의 디자인 및 환경을 빌려주는 계약을 담당하게 됐다. 함께 일을 하게 된 마이크 호머는 애플 마케팅부의 천재와도 같은 존재였다. 과학기술에 대해 해박한 지식을 가졌고, 판매와 마케팅에 천부적인 재능이 있었다. 후에 그는 넷스케이프Netscape에서 매우 중요한 역할을 맡게 됐다. 아무튼 우리 두 사람은 몇 달 동안 대륙을 오가며 아폴로와 협상을 벌였고, 캘리포니아 쿠퍼티노에서 합의점을 찾은 뒤 마침내 계약에 성공했다.

남은 건 존 스컬리의 서명이었다. 마이크는 서명만 받으면 마침내 애플이 다른 기업과 운영체제 라이선스 계약을 맺었다는 발표가 날 것이라고 잔뜩 기대하고 있었다. 그 협상은 합의점이 반드시 있을 거라는 가정하에 여러 전략을 매우 신중하게 동원한 결과 얻어낸 것이었다. 그러나, 당시 애플 경영진 사이에는 (전형적인 애플의 경영 스타일이지만) 애플식 사업모델과 이익률을 이어 가자는 폐쇄적 현실이 지배적이었다. 마지막 순간까지 고집을 부리던 스컬리도 결국 굴복하고 말았다. 우리는 최종 서명과 자축연을 위해 쿠퍼티노로 가고 있던 아폴로 사람들을 보스턴의 로건 공항에서 막아야 했다.

당시 이 소식을 들은 나는 말할 것도 없이 황당할 따름이었다. 맥 운영체제 라이선스 계약을 취소한 것은 스컬리와 경영진의 치명적인 실수였고, 애플에게는 중요한 실책이었다. 애플이 협상을 계속 진행시켜서 다른 제조업체들과 라이선스를 맺었더라면 어떤 일이 벌어졌을지 아무도 알 수 없었다.

스컬리가 이끌던 애플은 비전보다 당장의 수익모델을 우선시했다. 단순한 수익모델이 애플의 구심점이 돼서는 안 되는 것임에도 말이다. 수익모델은 비전의 실현을 위한 그 순간의 최선책에 불과하다. 수익모델은 시장의 변화에 따라서 달라질 수 있고, 또한 수시로 달라져야 한다. 결국 갖춰야 할 비전이 사라지자 관련 시장과 애플의 직원들은 회사를 지지할 이유를 찾지 못했다. 그들의 열정적이었던 모습은 여러 가지 모순으로 퇴색되어 갔다.

레니가 구상하는 사업이 시작하기도 전에 애플의 전철을 밟는 건 아닐지 나는 궁금했다. 애초에 앨리슨과 그를 매료

시켰던 Funerals.com의 비전보다 오히려 수익모델 자체에 집중하는 장사꾼으로 나가려는 걸까?

비즈니스 환경은 늘 변한다. 사람들은 전략과 수익모델을 변화하는 환경에 맞게 지속적으로 재검토하고 필요에 따라 수정해야 한다. 하지만 수정할 때마다 기준으로 삼아야 하는 것은 기업의 큰 비전이다. 긴급한 상황을 모면하기 위해 구성원의 감동을 이끌어 내는 비전을 포기하면, 나침반 없이 남겨지는 것과 다를 바 없다. 나는 기업의 위치를 돌아볼 때 현재 상황만 따지는 것이 아니라 목표와 방향 점검도 병행돼야 한다는 충고를 늘 하고 있다.

나침반을 맞추고 길을 따라 나아가라. 그래야 장애물에 걸려 넘어지더라도 방향 감각을 유지할 수 있을 것이다. 다음 주 월요일에 앨리슨과 함께 만나자는 이메일을 보낸 뒤, 뛰어 놀고 있는 개들과 장난을 치기 위해 밖으로 나갔다.

7
핵심을 찾아라

THE MONK AND THE RIDDLE

"가장 큰 사이즈 컵으로 무카페인 저지방 라떼 더블로 부탁해요."

"아, '걱정은 그만' 커피 말인가요?"

코니가 나에게 윙크를 하며 말했다.

"몸에 안 좋은 걸 너무 즐기시네요."

나는 2달러 49센트를 건넨 뒤, 늘 앉는 야외 테이블로 향했다. 겉으로는 그럴듯해 보이지만 복잡한 제조과정을 거치면서 활기를 잃어버린, 영혼이 거의 없는 커피를 너무 즐긴다는 생각이 들었다. 양은 많아졌지만 맛의 묘미는 희미한 흔적만을 두고 사라져 버렸다. 이제는 커피 그 자체를 느낄 수 있는 드립커피를 마셔야 할 때가 된 것 같다.

나는 뜨거운 거품을 한 모금 마시며 테이블 위에 놓인 레니의 사업 수정 계획안 8.0 버전에 좀 더 만족할 만한 내용이 들어 있기를 기대했다. 이것을 검토하기 위해 몇 분 먼저 도착했으니까 말이다. 레니의 주장이 사실이라면, 이 버전에는 질문에 대한 답과 Funerals.com을 중요한 궤도에 올려놓을 방법이 있어야 했다.

수정된 것을 살펴봤다. 시장 규모를 줄인 대신 예상 점유율을 수정했다. 또한, 전망의 근거를 추가했다. 죽음을 앞둔 사람들, 그리고 죽음을 이겨낸 사람들을 항상 접하는 헬스케어 전문가들의 이야기를 인용하며 시장 전망에 대해 설명하는 부분이 추가돼 있었다. 심지어 본인은 대표로, 앨리슨은 마케팅 부사장으로 그려진 조직도까지 준비했다. 나머지 자리는 모두 빈칸이었다. 앨리슨을 이 사업에 참여시키려는 것은 레니의 희망사항이었다. 대체로 몇 가지 전술적인 부분을 향상시키기는 했지만, '더 좋은 제품을 더 빠르게, 더 싸게' 팔겠다는 기본 전략은 변하지 않았다. 아마 프레젠테이션으로 몇 가지 준비할 듯하지만, 프랭크와 그의 파트너들이 어떤 반응을 보일지 궁금했다.

고개를 드니 앨리슨으로 보이는 여자와 레니가 주차장을 가로질러 걸어오고 있었다. 레니보다 훨씬 키가 큰 앨리슨은 그가 두 걸음 걸을 때 마치 한 걸음으로 걷는 것 같았다. 레니는 손을 흔들면서 거의 뛰다시피 했다. 레니가 나를 가리키자 앨리슨은 미소 지으며 뭐라고 말을 하더니 웃음을 터트렸다. 무슨 농담을 했는지 알아내야지. 벤처캐피털리스트와의 면담은 잘 끝난 모양이었다.

"선생님, 이보다 더 잘될 수는 없을 정도입니다!"

레니는 나를 덮칠 듯 다가와 큰 소리로 외치며 악수를 청했다.

"프랭크 씨도 좋은 분이셨어요. 저희에게 관심을 아끼지 않으시더군요. 정말 예감이 좋아요."

이번에는 손이 아닌 내 어깨를 툭툭 쳤다. 이제 우리는 친구가 된 거군.

"랜디 선생님, 감사 드립니다."

아, 만족할 만한 결과가 나왔나 보군.

레니가 '파트너'라며 앨리슨을 소개했다.

"뭐 좀 드시겠습니까? 제가 내겠습니다." 레니가 말했다.

나는 반쯤 남은 컵을 가리켰다. 또 마시라고 하지는 않겠지. 레니는 카운터로 갔다.

앨리슨은 나와 악수를 나눈 뒤 합석하기 위해 흰색 플라스틱 의자를 끌어다 앉았다.

"꽤 잘됐나 보네요?"

내 걱정을 표현하지 않으려고 노력하며 그녀에게 물었다.

"그런 것 같아요. 레니가 지금 무척 기뻐하고 있거든요."

약간의 의구심을 담은 듯 했지만, 목소리에서는 크게 느껴지지 않았다. 짙은 색 정장에 하얀 블라우스와 짙은 감색 스카프의 차분한 옷차림에 머리를 하나로 묶은 헤어스타일이었다. 앨리슨과 레니의 옷차림은 서로 매칭이 잘 되어 보였다. 그러나 비슷한 점은 그것뿐이었다. 큰 키, 조용한 자신감은 레니의 신경질적 열정과는 정반대였다. 레니와 같은 타입이었다면 놀랐겠지만 그녀의 모습과 태도를 보아 신중하거나 아니면 내성적인 타입 같았다. 레니와 이번 미팅에 함께 참석하기로 했을 때 그녀는 무엇을 기대해야 할 지 아마도 몰랐을 것이다.

"무슨 일이 있었죠? 프랭크가 뭐라고 했나요?"

내가 다그치듯 물었다.

"면담이 끝나고 저희를 배웅해 주시면서 아주 긍정적으로 생각하시는 것 같았어요. 연락하겠다고 하셨죠."

글쎄, 프랭크가 약속을 잘 지키는 사람이기는 하지만 그 친절이 뭔가 특별한 것을 의미하지는 않았다. 레니가 카운터에서 코니와 잡담을 하고 있는 것이 보였다. 회의 결과로 엄청난 돈을 쥐게 될 것 같다는 소식을 전하고 있겠군. 코니는 열심히 들어주는 연습을 하고 있는 거고.

　행복한 미소에도 불구하고 레니와 앨리슨 모두 오늘 아침 회의로 기진맥진해 보였다. 두 사람은 아마 프랭크의 오디션 명단에 들어 있는 한 팀에 불과할 것이다. 벤처캐피털리스트 파트너들은 온갖 최첨단 오디오·비디오 장비가 갖춰져 있는 거대한 나무탁자에 앉는다. 물론 장비들을 어떻게 사용하는지는 모른다. 또한 얼마나 기술적으로 차별화되었는지조차 관심이 없다. 만약 발표가 시작되기 전, 장비에 문제라도 생긴다면 이 사소한 오작동을 고치는 과정이 그들에겐 영원의 시간처럼 느껴질 것이다. 젊은 비서들이 파트너에게 메모를 전달하기 위해 오가고, 이들이 자리에서 일어나면 다른 파트너가 들어온다. 발표를 준비하는 사람은 파트너의 교체에 뭔가 심각한 의미가 담겨 있다고 생각하겠지만, 사실은 새로 구입한 바지가 도착했다거나 아이를 데리러 갈 시간이 됐다든지 하는 단순한 일 때문이다. 격의 없이 진행되어도 발표를 하는 팀들은 대부분 전부 발가벗겨진 기분을 느낀다. 때로는 대답하기 곤란한 질문 때문에 첫 번째 슬라이드도 넘기지 못한 채 꿈이 짓밟히기도 한다. 나는 이런 회의를 수백 번 보았다. 샌드 힐 로드의 로비는 치과 대기실에 앉아 있는 것처럼 초조하게 차례를 기다리는 창업 지망생들로 늘 가득하다.

"문제 없이 진행됐다는 말로 들리네요."

내가 떠보며 말했다.

"아, 그런 의미는 아니에요. 이 일이 어떻게 될지 모르겠어요. 까다로운 질문들이 많았거든요. 제가 보기엔 그랬어요. 그들에게 만족할 만한 답변을 했는지 전 잘 모르겠지만, 레니는 그렇게 생각하고 있는 것 같아요."

레니는 앨리슨이 마실 홍차와 그가 마실 커피를 들고 왔다.

나는 화제를 바꿨다.

"레니는 두 분이 어떻게 Funerals.com을 시작하게 됐는지에 대해 말한 적이 없어요."

그녀는 이 질문에 더 편안한 모습으로 미소를 지었다.

"저희는 아주 오랫동안 서로 알고 지냈던 사이입니다."

두 사람은 어린 시절을 함께 보냈다고 했다. 앨리슨은 보스턴에서 태어났지만 부모님은 곧 중서부로 이사했다. 살기가 힘들 때라 그녀는 할머니 집에서 여름을 보냈는데 그 바로 옆집이 레니의 가족이 살고 있는 곳이었다. 얼마 지나지 않아 레니와 그녀는 친구가 됐다. 앨리슨은 나이가 몇 살 더 많았지만 말이다.

"제가 할머니 댁에 방문하지 않자 연락이 끊겼죠. 다시 우연히 만난 게 8개월인가 10개월 전이에요."

앨리슨은 할머니의 일흔다섯 번째 생신을 맞아 보스턴에 갔다가 레니의 아버지께서 갑자기 돌아가셨다는 것을 알았다. 그녀는 바로 다음날 장례식에 참석해 조의를 표했다. 그 후 두 사람은 장례절차와 온 나라에 흩어져 사는 형제 자매들 때문에 생기는 문제점에 대해 이야기를 나눴다고 한다. 레니와 앨리슨의 대화는 장문의 이메일로 이어졌고, 직접 만나서 Funerals.com의 계획을 구체화하기에 이르렀다.

사회사업학으로 석사 학위를 받았고, 8년 동안 직장생활을 하며 장례식장 프랜차이즈 회사의 마케팅 책임자 위치까지 올랐던 앨리슨은 그 업계를 잘 알고 있었다. 그녀의 지식과 인터넷에 대한 레니의 흥미가 Funerals.com을 탄생시킨 배경이었다.

"레니는 훌륭한 영업사원이에요. 사업계획이나 프레젠테이션 같은 모든 것들을 혼자 해내죠."

나는 레니에게 물었다.

"오늘도 세균에 대한 설명을 했나요?"

그는 약간 소심하게 고개를 저었다.

"그 말을 꺼내면 제가 미팅 자리에서 나가 버릴 거라고 말했거든요."

앨리슨이 웃음을 터트렸다.

"레니, 오늘 면담이 어땠는지 말해줘요."

"선생님께서 던졌던 질문들은 마치 오늘 발표를 위한 예행연습과 같았습니다. 시장이나 유통망에 대한 세부사항을 아주 훌륭하게 말할 수 있었습니다."

레니가 면담에서 오간 내용을 상세하게 말했다. 앨리슨은 아무 말 없이 듣기만 했다. 그는 슬라이드를 보여 주며 설명을 했고, 수많은 질문을 받았다고 했다. 질문의 대부분은 장례용품 시장과 장례사업의 현황에 대한 것들이었는데, 이에 대해 완벽하게 대답을 했고, 이 모든 게 장례 업계에 지식이 많은 앨리슨 덕분이라고 했다. 프랭크는 매우 협조적이었으며 사업의 핵심을 찔러 주었다고 한다. 앨리슨이 그랬던 것처럼 레니 역시 프랭크가 친절하게 배웅하면서 보인 태도에 자신감을 얻은 모양이었다.

약간 의아하다는 생각이 들었다. 레니의 설명대로라면 이건 프레젠테이션이라기보다 일종의 대립 관계에서 질문을 해야 할 사람들임에도 협업을 하는 모양새였기 때문이다. 프랭크와 벤처캐피털리스트 파트너들이 커피에 뭔가를 넣어

마신 것은 아닌지 궁금해졌다. 이건 일상적인 벤처캐피털리스트와의 프레젠테이션처럼 들리지 않았다. 좀 전에 앨리슨이 했던 말과도 달랐다.

"까다로운 질문은요?" 나는 궁금해하며 물었다.

"가끔 까다로운 질문이 있었습니다. 하지만 문제 없었습니다. 답변에 모두들 만족하는 것 같았습니다."

앨리슨이 이맛살을 찌푸리더니 마침내 말했다.

"프랭크 씨가 호의적이긴 했고, 다른 분들도 순수하게 장례용품 시장에 관심을 보이긴 했지. 이런 아이디어는 생소하니까. 젊은 인터넷 사업가들 중에 장례사업을 하고 싶어하는 사람이 어디 많겠어?"

그러자 레니가 웃음을 터트렸다.

"하지만 레니, 필 씨가 던진 질문들 중에 제대로 대답하지 못한 게 있잖아."

그녀는 약간의 반박을 하면서 레니를 쳐다봤다.

필이라면 나도 알고 있다. 프랭크의 파트너로 깐깐하고 열정적이며 늘 멜빵과 나비 넥타이 차림을 하는 것으로 유명하다. 전직 교수로 벤처캐피털리스트로 전업을 하기 전에는 스탠포드 공대에서 학생들을 가르쳤다.

"내가 생각하기로는 잘된 것 같아."

레니가 방어적으로 답했다.

"하지만 네가 말하는 동안 난 그분 표정을 관찰했어. 그는……."

"그래, 하지만 프랭크 씨가 도와주셨잖아."

레니가 그녀의 말을 잘랐다.

"프랭크 씨가 도와주실 거야. 마지막에는 정말 긍정적이셨어."

"필이 뭐라고 했죠?"

이번에는 내가 앨리슨을 쳐다보며 물었다.

"음, 얼마나 많은 사람들이 온라인으로 우리 제품을 구입할 것 같냐고 물었어요. 그렇게 감정이 북받치는 순간에 온라인으로 주문할 수 있겠냐고요. 상을 당한 사람이 과연 쇼핑할 기분이 들까요? 왜 인터넷에서 구매해야 할까요? 그런 질문들이었어요."

그녀는 잠시 말을 멈췄다.

"그는 별로 만족하지 않았던 것 같아요. 그 전까지만 해도 뭔가를 메모했는데 레니의 대답이 끝나기 훨씬 전부터 낙서를 하기 시작했거든요."

그렇지. 이런 분위기가 내가 익히 알고 있는 벤처캐피털리스트와의 일반적인 면담이었다.

"하지만 회의적인 사람은 전체 모이신 분들 중 필 씨 한 분이었습니다."

레니가 말하자 나는 그에게 그렇지 않았을 것이라고 이야기했다. 벤처캐피털리스트들은 보통 만장일치하에 투자 계약을 진행한다. 모두가 동의하지 않으면 투자하지 않는다. 이런 형태로 면담을 진행하다 보면 아이디어를 지지하는 사람도 있기 마련이다. 프랭크가 레니를 소개했으므로 그는 아마도 우호적인 경찰 노릇을 했을 것이다. 아이디어의 장점이 부각될 수 있도록 토론을 이끌었을 것이다. 벤처캐피털리스트들이 창업 지망생을 만날 때는 그들 나름의 방식이 있는데, 한 명이 우호적인 경찰 역할을 하면, 다른 한 사람은 파트너들 사이에서 오갔던 문제점을 거론하고 까다로운 질문을 던지는 악당 역할을 담당한다. 오늘 아침에는 필이 악역을 맡은 것 같다. 까다로운 질문을 던진 사람이 필 한 사람뿐이라지만, 프랭크를 포함한 모든 파트너들의 의견까지 대신하고 있다고 봐도 무방하다.

"발표에 집중하느라 부정적인 분위기를 못 느꼈을 수 있을 거에요."

내가 레니에게 말하자 그는 잠시 나를 주시하더니 울컥하며 쏘아붙였다.

"선생님이 그 자리에 계셨어야 했어요. 정말 분위기는 괜찮았습니다."

사실 그럴지도.

"필 씨가 우려했던 것은 우리가 시장을 개척하면 다른 대규모 장례용품 프랜차이즈 회사가 경쟁에 기회를 보고 있다가 뛰어들 것이라는 부분이었어요. 그들에게는 우리가 가지고 있지 않은 규모와 자금이 있고, 각 지방 장례식장과의 네트워크도 커다란 경쟁력이 될 테니까요."

앨리슨이 말하자 레니가 이렇게 대꾸했다.

"하지만 그런 회사는 느리고 옛날 수익모델에 사로잡혀 있어요. 게다가 그 많은 오프라인 장례업자들을 지원하려면 높은 마진율을 포기할 수 없습니다. 선생님, 제가 오늘 면담에서 한 답변이 바로 이런 내용이었습니다. 새로운 사업모델을 도입해서 현재의 수익을 잠식해 버리는 행동은 않겠죠. 또한 그들이 '온오프라인 병행' 전략을 시작하기로 했다고 해도 우리 기업을 인수하려 할 겁니다. 자금은 있어도 인터넷을 잘 이해하지는 못할 테니까요."

그는 핵심을 잘 이해하고 있는지에 대해 내 눈치를 살피는 것처럼 슬쩍 나를 보았다.

"글쎄요."

"레니, 결국 인터넷에서 싼값에 관을 파는 일일 뿐인데, 어떤 지식이 필요하다는 거니?"

앨리슨이 갑자기 끼어들며 말했다.

레니는 처음에는 황당하다는 듯이 앨리슨을 쳐다봤다. 얼굴이 벌겋게 달아 있었다.

그녀는 나를 바라보더니 뭔가 결심한 듯 입을 열었다.

"단순히 싼값에 관을 파는 건 저희가 처음에 하려 했던 일이 아니에요."

"잠깐만. 그런 이야기들은 나중에 하자."

레니가 급하게 말허리를 잘랐다.

"일단 투자금을 받고 Funerals.com이 잘 굴러가면 나중에 콘텐츠와 커뮤니티 서비스 중심의 사업으로 발전시킬 수 있어. 한 번에 하나씩. 이미 끝난 이야기잖아?"

"레니, 만약 우리가 그렇게 하지 못하면?"

앨리슨이 물었다.

"모든 건 변하고 있어. 우선순위도 그렇고 시장도 그렇지. 인터넷 소매상을 꾸려나가기에도 너무 버거울걸? 지금이 기회야."

레니는 이런 토론이 불편해 보였지만 굳이 중단하지는 않았다. 앨리슨이 꼭 필요한 존재였을 테니까.

"남은 일들의 처리는 장례업자들이 하게 하자. 인터넷 기업이 그런 것에 신경 쓸 필요 없잖아. 우리는 남겨진 사람들의 상처를 극복할 수 있도록 도와주는 일을 맡자. 원래 이 전체 사업 구상을 할 때, 그럴 생각으로 출발했잖아. 그게 우리가 집중해야 할 일이기도 하고." 앨리슨이 대답했다.

처음 기획 단계에서 레니는 인터넷이 전 세계에 흩어져 살고 있는 친구와 가족들의 아픔을 달래 줄 수 있다며 앨리슨을 설득했다고 한다. 이들 대부분이 서로 대화하고 사랑하는 사람들을 추모하며, 죽음의 의미를 되새길 수 있는 자리를 원한다는 것이다. 인터넷이라면 가능했다. 단지 흩어져 있다고 해서 홀로 슬픔을 감내할 필요는 없었다. 앨리슨을 흥분하게 했던 건 바로 그런 커뮤니티를 엮어 주는 사이트를 만들어 장례 절차, 법규, 규정 등에 대한 정보를 담은 서비스를 만드는 것에 있었다.

"맞아. 하지만 그런 사업으로 어떻게 돈을 벌 수 있겠어?"

레니가 빈정거리며 말했다.

"레니, 상담 서비스나 조언, 슬픔을 함께 나눌 수 있는 정보를 제공해 준다면 그런 게 정말 이 사업의 가치 아닐까?"

그녀는 머뭇거리다 이렇게 대답했다.

"만약 가족이 온라인으로 고인을 추모할 수 있는 방법, 심지어 고인에게 편지를 쓸 수 있는 방법도 있을 거야. 이런 사이트를 제대로 만들면 사람들이 계속 방문할 테고, 그럼 광고나 전자상거래 사업 기회가 올 거야."

"온라인 집회라, 정말 엄청난 아이디어야."

레니가 나를 쳐다보며 대꾸했다.

"레니, 마음대로 표현해도 좋아. 하지만 이 모든 건 예전에 함께 나누었던 이야기잖아. 너도 공감했던 걸로 생각했는데." 앨리슨이 더 이상 참을 수 없다는 듯 말했다.

"그런 건 사업이라 할 수 없어." 레니가 다시 답했다.

"나는 싼값에 관이나 천을 파는 것에는 관심이 없어."

그녀가 다시 반복하며 말했다. 레니는 깜짝 놀라는 눈치였다. 원래 사업 목표에 대한 미련과 의구심이 있다 하더라도 일단 창업자금이 마련되면, 기다려 주던 앨리슨이 결국 동참할 것이라고 믿었던 것이다.

"원래 아이디어로 추진했다면 이만큼도 이룰 수 없었을 거야." 레니는 거의 다툴 듯 말했다.

그는 돈을 벌기 위해서가 아닌 사람들을 순수하게 돕는 목적을 가진 비영리단체나 사회복지기관 같은 것을 앨리슨이 말하고 있다고 주장했다. 그런 아이디어로는 자금을 지원받을 수 없다. 누가 그런 곳에 투자할까? 그는 답을 원했지만 앨리슨은 아무런 대답도 하지 않았다.

"Funerals.com에 사업적인 문제가 있음에도 불구하고 적어도 비웃음을 당하지는 않았어. 오늘 면담에서 사람을 도울 거라고, 교회에서나 할 일을 우리가 하려 한다고 말했다면 큰 웃음거리가 됐을 거야. 그런 사업으로 어떻게 돈을 벌겠어? 수익모델이 뭐지?"

레니는 답변을 원하는 듯 잠시 말을 멈추었지만 그녀가 분명한 답을 내놓지 못하자 다시 말을 이어 갔다. "사이트를 운용하는 비용은? 콘텐츠 비용이며, 기반을 구축하는 것은? 고객은 뭐로 유치하지? 장례업자와 장례식에서 관계는 어떻게 유지해?"

나는 속으로 빙그레 웃었다. 아마도 필이 오늘 아침에 퍼부었던 질문을 그대로 반복하고 있을 거라고 생각했기 때문이다. 앨리슨은 입을 벌린 채 믿을 수 없다는 듯 고개를 저었다. 분명 레니를 잘 알고 있기 때문에 잠시 내버려 둬야 한다고 생각한 듯했다.

"앨리슨, 네가 원하는 것을 하지 않겠다고 말하는 게 아니야."

레니가 드디어 마무리하자는 듯 말을 꺼냈다.

"결국 우리는 그걸 하게 될 거야. 하지만 오로지 사람을 돕는 게 목적인 사업으로는 창업자금을 모을 수 없어. 제품, 매출, 성장, 이윤에도 집중해야 해. 아이디어가 너무 감상적이야. 일을 사랑하고 일하고 싶어하는 열정으로 가득 찬 비버 같은 사람들이 모여서 하는 유토피아 같은 생각이야. 네가 원하는 것은 현실성이 없어. 순이익을 달성한 다음 새 아이디어와 방향을 모색하자. 큰 성공을 거두면 우리는 사람들의 죽음을 인간적으로 다루는 재단에 기부할 수도 있어."

"레니, 난 재단에 기부할 날을 기다리며 평생을 낭비하고 싶지 않아."

두 사람은 오랫동안 알고 지냈던 사이라 그런지 아주 솔직하게 이야기를 주고받았다. 솔직한 태도는 창업 멤버 간에 좋은 장점이 될 수 있다.

"게다가 투자유치에도 관심이 없어. 그저 내가 직접 참여하는 삶을 살고 싶다고. 어려운 사람들을 돕는 곳에서 일하고 싶어. 마음에 들지 않던 부분을 고칠 기회잖아."

그녀가 잠시 말을 멈췄다.

"네 말도 맞아. 나도 사람들이 열심히 일하고, 서로의 일을 존경하는 그런 회사를 만들고 싶어. 업무, 방침, 운영 등 모든 면에서 신뢰받는 그런 회사 말이야. 나는 기회가 오기를 마냥 기다릴 수 없어. 지금 당장 할 수 있는데 왜 기다려야 하지?"

레니가 설득하고 싶었던 '미뤄 놓은 인생 설계' 방식을 앨리슨은 공감하지 못했다.

그들은 내가 상상했던 것보다 훨씬 어울리지 않는 조합이었다. 일차원적이고 이익의 관점에서만 사업을 생각하는 레니와 숭고한 이상을 가지고 있는 앨리슨.

레니가 도움을 요청하는 듯 나를 쳐다봤다. 앨리슨의 답변이 끝났을 때, 나를 향해 어깨를 으쓱하며 '아, 대화가 안 되네요. 어떻게 해야 할까요?'라는 듯이 두 손을 들어 보였다.

"레니, 이건 내가 도울 수 있는 일이 아닌 것 같습니다."

내가 말했다. 10년 전이라면 모를까.

내가 아직 레니와 비슷한 나이었다면 그에게 동의했을 것이다. 당연히 사업이란 돈에 관한 일이다. 사업을 만들어 내는 동기이기도 하다. 하지만 본질적으로 성공을 하려면 사업은 사람에 관한 것이어야 한다. 나 역시 그 교훈을 얻기까지 많은 시간이 걸렸다.

나는 협상가의 업무를 맡으며 직장 생활을 시작했다. 기회를 포착하고, 우위를 점하며 상대방의 허를 찌르는 교육을 받았다. 그리고 암살자였다. 무슨 수를 써서라도 이기는 것이 내 임무였고, 이것에 성공할 때마다 만족감을 느꼈다. 사업의 특성 중에 사람 간에 이뤄지는 면을 그다지 이해하지 못했고, 사업의 본질에 인간성을 두고 고려할 만큼의 여유 또한 없었다. 나는 비즈니스 세계 안에서 모든 것을 수치화했다. 이런 딱딱한 시각이 편하게 느껴지지는 않았지만 사업이란 원래 그럴 것이라고 생각했다. 아마 빌 캠벨Bill Campbell을 만나지 못했다면 나는 모든 것을 정리하고 프리랜서 투어 가이드로 전업했을 것이다.

당시 나는 애플에서 근무했었는데, 구조조정으로 인해 법무팀을 떠나기 직전이었다. 그런데 직속상사가 소프트웨어 사업의 분사를 준비 중인 빌 캠벨을 만나보라고 권했다. 그 회사의 목적은 마이크로소프트의 소프트웨어가 애플 컴퓨터에서 차지하는 비중을 줄이는 것이었다.

빌은 모든 걸 번개같이 준비하는 사람이었다. 그는 텅 빈 회의실로 나를 데려가더니 불도 켜지 않은 채 3분 동안 사업 설명을 하고, 나를 추천받았으며 같이 일할 생각이 있느냐고 물었다. 바로 지금부터. 시간을 두고 고민할 수 있는 문제가 아니었기에 나는 직감에 맡겼다.

"좋습니다."

업무와 직급, 연봉도 모르는 상태에서 말이다. 빌은 회의실을 나가면서 이렇게 말했다.

"좋았어. 자네가 첫 공동 창업자군. 이제 시작해 봅시다."

그리고 그것은 내 인생 최고의 결정 중 하나였다.

회사 이름은 클라리스. 우리에게는 큰 꿈이 있었다. 애플 컴퓨터와 운영체계의 철학을 바탕으로 마이크로소프트에 대항하는 것이 목표였다. 즉, 손쉽게 사용할 수 있는 소프트웨어를 만들어 과학기술의 힘을 모든 사람에게 전달하자는 것이다. 클라리스에서의 내 역할은 주로 계약과 관련된 일이었다. 나는 애플과 분사협약에 대한 협상을 담당했고, 사업 구축에 핵심적인 기술 확보와 수많은 소프트웨어 기업 인수를 위한 협상을 맡았다.

나는 캠벨을 잘 알지 못했지만 다른 사람들은 그를 '코치'라고 불렀다. 표면상으로는 그가 콜롬비아 풋볼팀 수석 코치였기 때문이지만, 사실은 그가 사람들에게 멘토링하는 것을 좋아했기에 붙은 별명이었다. 40대 중반이던 그의 눈에는 근엄함이 깃들어 있었지만, 마음속으로는 한없이 따뜻하고 다정했다. 온몸에는 풋볼과 럭비를 하다 생긴 흉터들이 훈장처럼 있었다. 무엇이든 따를 수밖에 없게 만드는 사람이었다.

우리는 실제로 그를 따랐다. 빌과 함께 일을 하다 발견한 점은 그가 사람들과 대화를 나누는 데 많은 시간을 할애한다는 것이다. 그는 사람들과 먹고 마시며 호흡했다. 향후 발생할 일에 대한 논의 없이는 클라리스에서 대화를 이어갈 수 없었다. 처음에는 다소 짜증스러웠다. 회의에 집중하지 못하고 흐트러진 느낌도 주었다. 의사결정을 위한 자리마다 늘 이런 질문이 먼저 제기됐다. 이것이 각 개인이나 집단에 속한 사람들에게 어떤 영향을 미칠까? 사람들이 어떻게 말하고 느끼게 될까? 왜 이런 결정을 내렸는지 그 배경을 이해할 수 있을까? 아니면 제멋대로 결정한 것이라 생각을 할까? 그는 제품 지원만 하더라도 비용으로 간주하지 않고 사람들을 위한 서비스로 생각했다. 초점은 늘 고객, 직원, 협력업체, 주주들에게 전달할 수 있는 가치에 두었으며 그들이 그 가치와 상대방에 대해서 어떤 생각을 하는지가 주요 관심사였다. 누구든 처음에는 이런 것들을 듣지 못할 수 있지만, 귀가 먹지 않은 이상 몇달이 지나면 그 주제들이 아주 크고 분명하게 들릴 것이다. 빌은 사람 중심으로 일하다 보면 사업은 저절로 잘 될 것이라는 신념을 가지고 있었다. 빌 캠벨은 그런 사람이었다.

나는 그를 존경했지만 처음에는 빌의 철학에 반대했다. 사업이란 관리가 가능하고 예측과 측정이 가능한 과정이라는 게 내 생각이었다. 모든 게 간단 명료하고 확실해야 한다고 믿었다. 관리자들은 업무가 제시간에 운영될 수 있도록 해야 한다. 캠벨의 사고방식은 나의 관점에서는 비효율적이었다. 너무 부드럽고 흐릿하며 복잡한 문제들이 많았다. 측정할 수 있는 것에 집중하자는 것이 내 주장이었다.

무슨 이유에서인지 캠벨은 나를 포기하지 않았다. 나 같은 골칫덩어리는 진작에 해고할 수 있었을 텐데 말이다. 나는 클라리스의 전반에 관여하고 있었고, 수지타산에 별 도움이 안 되는 문제가 생길 때마다 공공연하게 반기를 들었다. 빌이나 나머지 경영진과도 의견이 엇갈릴 때가 많았다.

하지만 나는 점점 캠벨의 사고방식에 물들어 갔고, 오랫동안 억눌려 있던 가치관이 드러나기 시작했다. 빌의 성과에 이의를 제기할 수도 없었다. 비효율적으로 보이던 과정이 결국에는 엄청난 성공을 낳았기 때문이다. 고객들은 우리를 좋아했다. 우리 제품을 높이 평가했다. 협력업체 역시 우리를 존경하고 신뢰했다.

직원들은 사기가 높았고 헌신적이었다. 밤 늦게까지 일하고 나서 11시나 12시쯤 주위를 살펴보면 그때까지도 모든 직원들이 열심히 일하고 있었다. 이토록 늦게까지 일을 했던 이유가 뭘까? 내가 맡은 부분을 끝내야만 그다음 사람이 일을 할 수 있고, 그러한 방식으로 진행돼야 회사 목표를 달성할 수 있기 때문이었다. 클라리스에는 애사심과 책임감, 동료애가 가득했다.

캠벨에 대해 가지고 있던 나의 생각이 어떻게 바뀌었는지는 마크 트웨인의 말을 인용하면 정리할 수 있다. "내가 열네 살 소년이었을 때, 아버지는 마주 대하고 싶지 않을 만큼 무지한 분이었다. 하지만 스물한 살이 되고 나서 아버지를 봤을 때, 지난 7년 동안 그가 얼만큼 배워 왔는지 놀라움 그 자체였다." 내가 어렸을 때는 몰랐던 그 사람의 놀라운 능력을 시간이 지나서야 알았다는 말이다.

그에게는 내가 갖지 못한 능력이 있었다. 사람을 볼 줄 아는 깊은 직관적 감각이 있었다. 능력을 단순하게 합산하는 것보다 더 나은 사람이 되도록 영감을 불어넣어 주고, 더 큰 일을 할 수 있게 만드는 힘이 있었다.

힘들게 얻은 교훈도 있었다. 데스크탑 소프트웨어 분야의 선구자인 쿼크Quark사를 인수할 때의 일이다. 나는 밤을 꼬박 새운 뒤, 동의서에 서명을 받기 위해 덴버로 날아갔다. 매우 중요한 계약이 될 수 있었다. 하지만 정작 협상에 들어갔을 때, 보증서 발급 문제가 발목을 잡았다. 내가 보기에는 꼭 받아야 하는 것인데 줄 수가 없다는 것이다. 나는 화가 나서 이렇게 말했다.

"좋은 조건으로 회사를 넘기시는 건데, 소유주를 확실히 알 수 있는 보증서를 주셔야죠."

그들은 마치 공격을 당한 상황이 되었다. 클라리스의 팀원이 되는 줄 알았고, 또 그렇게 되길 바랐지만 냉정히 사업의 증거인 보증서만 요구하는 나를 보며 이방인이 되는 듯한 기분을 느꼈던 것이다. 밀고 당기기가 계속되다 결국 그쪽에서 나와 더 이상 함께 일하지 않겠다고 통보했다. 빌이 중재에 나섰지만 계약은 성사되지 않았다. 나로 인해 계약이 이뤄지지 않은 것이다. 의견충돌은 다른 방법으로 해결할 수도 있는 문제였지만 내가 원칙에만 의거하여 완강히 나가는 바람에 돌이킬 수 없는 사태를 만든 것이다. 쿼크 인수가 클라리스에게 얼마나 큰 자산이 될 수 있는가를 생각한다면 정말 바보 같은 실수였다.

업무 면에서의 낭패감도 문제지만 (그 전까지 계약에 실패한 적이 한 번도 없었다.) 회사의 위신을 떨어뜨렸다는 자괴감이 더 큰 문제였다. 나의 잘못으로 클라리스는 기회를 놓쳐 버린 것이다. 그때부터 정신을 바짝 차리기 시작했다. 먼저 변호사 시절부터 지녔던 습관을 버렸다. 나는 계약에 있어 캠벨의 사고방식을 적용했다. 내 역할은 협상 당사자 간의 차이점이 아닌 공통 분모를 찾는 것이었고, 그 공통 분모를 든 든한 인간관계와 업무로 연결시키는 것이었다. 나는 상대방의 요구 조건을 무시하거나 후에 협상카드로 쓸 생각에 반대하기보다는, 협상에서 우리 측과 일치하는 부분에 초점을 맞춰 그 부분을 서로에게 적용하기 위해 힘을 쏟았다. 내 관심은 나와 내가 속한 회사만을 만족시키는 방법보다는 상대방까지 동시에 만족시킬 수 있는 방법을 찾는 쪽으로 옮겨갔다. 물론 어떤 점은 끊임없는 논쟁을 초래했지만 나에게 협상은 포커 게임이 아닌, 문제를 해결하고 관계를 도모하는 창조적인 기회가 되었다.

클라리스에서의 마지막 교훈은 회사를 다시 애플에 되팔 때 얻게 되었다. 애초에 우리는 상장을 할 계획이었다. 하지만 매킨토시용 소프트웨어만이 아닌 윈도우용 분야까지 개발할 의도가 우리에게 있음을 알게 되자, 애플 경영진은 적의 자식을 배우자로 맞느니 차라리 다시 애플로 끌어들이는 게 낫다는 결론을 내렸다. 계약상 그들은 그럴 권리가 있었다. 하지만 분사 협약에 따라 상장을 했을 때 예상되는 주식 공모가에 해당되는 금액을 지불해야만 했다. 우리에게는 분명 유리한 계약이었다.

그럼에도 이는 너무 많은 대가를 치르고 얻은 승리였다.

우리는 창업 멤버 중 한 사람의 집에 모여 부부 동반 축하 파티를 열었다. 해가 뜰 때까지 축배를 들었다. 애플 측으로 부터 받게 된 금액이 자랑스럽기까지 했다. 하지만 주위를 둘러보는 순간, 이번 계약으로 인한 나쁜 측면이 떠올랐다. 다시는 우리 모두가 함께 일할 기회가 없을 것 같았으니까 말이다. 클라리스라는 벤처기업의 흥분을 맛보고 난 뒤, 애 플로 돌아가기를 열망하는 사람은 거의 없을 것이다.

은행에 돈이 쌓이게 되었지만, 한없이 쓸쓸했다. 왜 이런 마음이 드는 것일까?

캠벨은 그 누구보다 사태 파악이 빨랐다. 우리들이야 그저 상실감 정도겠지만 캠벨은 자식을 포기한 심정이었을 것이 다. 나는 이 사람들과 함께 일하고, 목표를 달성하며 영향력 을 행사하면서 훌륭한 일을 해낼 수 있도록 우리 스스로가 기회를 만들어 일했다는 것이 얼마나 큰 행운이었는지 뒤늦 게 깨달았다. 시장을 선도하는 연 매출 9,000만 달러짜리 기 업을 만드는 것은 어려운 일이다. 우리에게 클라리스는 성공 의 발판이었고, 앞으로도 오랫동안 우리의 DNA가 있을 유 산과 문화를 만들어 낸 곳이었다. 가격을 매길 수 없을 만큼 소중한 경험이었다는 것을 나는 회사가 숨을 거두고 묘지에 묻힌 뒤에야 깨닫게 됐다.

나는 레니와 앨리슨에게 사람 없는 사업은 무의미하다고 말했다. 최우선으로 살펴야 할 사람은 서비스를 제공할 시장이었다. 그다음은 함께 일하는 팀원, 즉 직원들이었다. 마지막이 사업 파트너와 협력업체였다. '리더들'과, '고객들을 위하여 회사전략을 제품과 서비스로 만들어내고 있는 사람들' 사이의 가치사슬을 끊어 버리면, 장기적 관점에서 성공할 수 있는 기반을 파괴하게 될 것이다. 새롭게 일궈 나가는 기업문화와 표방하는 원칙은 직원들 상호간은 물론 고객을 연결해 주는 유일한 통로다. 이러한 가치관은 앨리슨의 유토피아와도 약간의 거리가 있지만, 레니가 계획하는 영혼 없는 기계식 기업 가치와는 완전히 동떨어져 있었다.

내가 이야기하는 동안 레니는 계속 시계를 훔쳐봤다.

"다음에 계속해야만 할 것 같습니다." 그가 말했다. 지금 공항으로 출발해야 자정쯤 보스턴에 도착하는 비행기를 탈 수 있었다. 하루 만에 동서부를 여행하는 것은 힘든 여정이었다.

두 사람은 자리에서 일어나 내게 고맙다며 인사의 말을 건넸다. 레니가 화제를 바꿨다.

"생각해 볼 문제가 많습니다. 아주 잘 풀릴 것 같아요. 언젠가는 꼭 성공할 겁니다. 느낌이 좋아요."

그가 내 말을 이해했는지 의심스러웠다.

두 사람이 멀어지자 코니가 어슬렁거리며 다가왔다.

"투자를 받았군요, 그렇죠?"

레니는 렌터카에 올라타면서 활짝 웃더니 엄지손가락을 치켜들었다. 나는 고개를 저을 수밖에 없었다.

8
리더십의 기술

THE MONK AND THE RIDDLE

함께 일하는 회사들 중 한 곳의 창업 멤버인 크리스와 오후 내내 길고 지루한 회의가 이어졌다. 의논할 문제가 너무 많아 레니에 대한 생각을 잠시 잊을 수 있었다.

크리스는 핵심 팀을 구성하고, 초기 자본을 유치하며 특허 기술을 개발하고 인터넷 오디오 · 비디오 검색사이트를 오픈하는 과정까지의 일을 모두 수행한 상태였다. 하지만 사업이 부진한 데다, 대형 포털 및 엔터테인먼트 회사와 전략적 제휴를 맺을 준비가 돼 있지 못했다. 매출이 거의 없었다. 크리스는 훌륭한 감각을 가진 개발자였지만, 완전히 풀이 죽은 상태였다. 경영진은 시장 점유율이 지지부진한 것에 대해 재고해 봐야 한다는 생각을 하고 있었다.

그 회사에서 절실히 필요한 것은 새로운 리더십이었다. 크리스도 이성적으로 이 점을 인정했지만, 자기 아이를 다른 사람 손에 맡겨야 한다는 사실을 감정적으로는 받아들이기 힘들어했다. 회사는 새로운 리더를 필요로 했지만, 크리스의 창의력과 열정도 잃을 수 없었다. 크리스 없는 회사는 상상할 수 없었다. 벤처기업이 성장해 가는 과정에 있어 겪게 되는 고통의 순간, 창업주가 경영권을 넘겨야 하는 일이 일어나지 않길 바라는 시점이 됐다.

실리콘밸리의 베테랑이라면 누구나 암묵적으로 인정하는 사실이 있다. 바로 벤처기업에는 단계별로 세 명의 대표가 필요하다는 것이다. 인간과 가장 절친한 친구인 개를 존경하는 의미에서 나는 그것을 개에 비유하곤 한다. 첫 번째 단계의 대표는 '리트리버' 같아야 한다. 그의 역할은 일관성 있는 비전하에 핵심 팀을 구성하고 제품과 서비스를 개발하며 시장의 방향을 결정한다. 또한 초기 자금을 유치하고, 고객과 협력업체를 확보해야 한다. 이 단계에서는 끈기와 창의력이 빛을 발한다. 두 번째 단계의 대표는 '블러드하운드' 같아야 한다. 그의 역할은 시장의 냄새를 맡고 기업의 입지를 다지는 것으로서, 경영진을 구성하고 시장에 진출할 교두보를 확보해야 한다. 이 단계에서는 예리한 방향 감각과 기업의 규모 확장에 필요한 기술이 중요하다. 세 번째 단계의 대표는 '허스키' 같아야 한다. 사람들과 함께 상장사의 책임성을 가지고 매일 비중 있게 성장하는 팀을 이끌어 나가야 한다. 이 단계에서는 일관성 있는 태도와 결단력이 중요하다. 중요성의 관점에서 보면 이들 세 역할 모두가 중요하다. 대표의 기질과 능력에 있어서만 차이가 있을 뿐이다. 회사를 설립한 대표를 대할 때면 원하는 만큼, 능력이 허락하는 한 멀리 뻗어 보라고 충고한다. 또한 지구의 중심까지 가 보겠다고 결정을 할 때면, 새로운 리더십이 실행될 수 있도록 돕곤 한다. 그 시간이 오면 회사는 '세인트 버나드'를 필요로 하지 않을 것이다.

크리스와 몇 시간의 회의를 했지만 결론이 나지 않았다. 저녁시간이 거의 다 되어서야 집에 도착한 나는 완전히 지쳐 있었다. 들고 있던 물건을 식탁 위에 쌓아놓고 개들을 쓰다듬어 준 다음, 와인 한 잔을 따라 서재 의자에 앉았다. 습관적으로 컴퓨터 전원을 켜고 로그인을 했다. 프랭크로부터 메일이 와 있었다.

사망선언
랜디.
오늘 아침 파트너들과 함께 레니의 사업설명을 들었네. 장례용품에 관심은 있지만 Funerals.com에는 투자를 하지 않을 생각이네. 레니는 잠재력은 있지만 아직 다이아몬드의 원석 같은 사람인 듯했어. 아직 거친 사람으로 보였네. 그는 이 사업 기회를 잡고 나아갈 방향을 모르는 것 같더군. 그런 사람이라면 우리는 별 흥미가 없다네. 아무튼 도와줘서 고마웠네.

자네가 검토해 주었으면 하는 다른 건이 있어. 전화 주게.

_프랭크

레니가 이곳에 있었으면 하는 생각이 들었다. 프랭크로부터 온 이메일을 명심하라고 보여주면서 그의 멱살을 잡고 흔들고 싶었다. 프랭크나 다른 벤처캐피털리스트들이 자선 활동을 하는 기관이 아니라는 레니의 생각은 옳다. 그러나 이들은 큰 시장에서 비전을 가지고 열정적으로 달려가는 똑똑한 젊은이들에게 투자하면서 시행착오를 거쳤고, 많은 것 또한 배우게 되었다. 레니는 관을 싸게 팔겠다는 기회주의적인 발상에만 집착했기에 자신과 앨리슨까지 싼값에 넘겨야 했다. 물론 그런 생각이 통할 수도 있겠지만 프랭크나 파트너들은 대어를 원했다. 레니는 초기에 가지고 있었던 비전을 그대로 밀고 나갔어야 했다. 적어도 거기에는 흥미를 가지고 열심히 일할 만한 가치가 있었다.

다시 한 번 기회를

프랭크.

자네 의견에 충분히 이해하고 동의하네. 앨리슨과 함께 한 레니와의 두 번째 면담에서 느낀 것은 레니 그 자신이 최악의 문제가 아닐까 하는 걸세. 만약 그들의 사업이 사랑하는 사람을 먼저 떠나보낸 가족들을 위한 커뮤니티를 구축하는 일이 된다면? 콘텐츠 사이트 겸 지역 디렉터리 서비스 사업이라면? 세계 곳곳에 흩어져 살고 있던 가족들이 모여 슬픔을 함께 나누고 장례 절차를 의논할 수 있는 사이트가 된다면? 가족의 홈페이지를 싣거나 채팅 페이지를 포함할 수도 있겠군. 광고 수입을 염두에 두고 있지만, 여기에 관련 서비스를 홍보하고 도움이 될 만한 사람들을 연결시키며 당사자들에게 프리미엄 온라인 서비스를 제공해서 얻어지는 수익도 있다면? 아직은 뭐라 말할 수 없겠지만 그런 사이트가 운영된다면 사용자들 사이에 널리 퍼질 것 같네. 각 지방의 관련 서비스 업체들과 장례업계의 회사들을 네트워크로 연결시킬 수도 있을 것 같군.

그냥 궁금해서 물어보는 걸세.
잘 있게.

_랜디

프랭크가 어떻게 반응할까? Funerals.com 안에 숨어 있는 커다란 비전을 알고서도 투자를 하지 않는 것과, 레니의 표면적인 비전에 실망하여 투자를 하지 않는 것 중 그 이유가 무엇인지 분명히 하고 싶었다.

오랜만에 데브라와 함께 저녁 식사를 했다. 그녀가 메일을 체크하는 동안, 나는 집 안에 있는 모든 프라이팬을 사용해 요리를 만들었다. 나파밸리산 소비뇽 블랑 와인 한 병을 들고 정원에 나와 일몰을 감상하며 우리는 조용히 저녁을 먹었다.

식사를 마친 후 여전히 배가 부른 채로 가죽 소파에 몸을 묻고, 13세기의 큰스님 '도겐'이 쓴 책을 읽었다. 언덕에서 불어오는 산들바람이 조용한 집안을 훑었다. 개들이 나지막한 소리로 코를 골고 있는 것은, 세상이 별 탈 없이 잘 돌아가고 있다는 신호였다.

도겐이 전하는 통찰력은 머릿속에 들어오지 않았다. 나는 그가 말하는 세월에 대한 개념을 이해할 수 없었다.

"시간이 단순히 흘러간다고 생각하지 말아라. 시간의 기능으로서만 세월이 흘러감을 바라보지 말아라. 시간이 단순히 흘러가기만 한다면, 당신은 시간으로부터 분리된 존재가 될 것이다."

또 다른 스님의 수수께끼일까. 오늘밤은 좀 더 가벼운 주제가 필요했다.

이메일은 항상 쌓여 있었다.

나는 개들을 방해하지 않기 위해 살금살금 걸었다. 하지만 그럴 필요도 없었다. 녀석들은 불침번을 내게 맡긴 채 세상 모르게 잠들어 있었으니 말이다. 오래된 파워북을 작동시키려면 시간이 조금 걸린다. 나의 맥 컴퓨터는 이 세상에서 오래 살지 못할 것이다.

몇 시간 전 이미 한 차례 체크한 뒤라, 새로운 메시지는 프랭크의 답장과 다른 몇 개의 메일이 전부였다.

Re: 다시 한 번 기회를

랜디.

흥미롭군. 콘텐츠와 커뮤니티를 구축한다는 게 인상적이군. 인터넷의 강점을 잘 이용한 것 같아. 지역 업자와 협업한다는 것도 좋았네. 네트워크 효과를 만들어 낼 것이고, 원—원 전략인데다 훨씬 안전한 소개 서비스 채널이 될 테니 말일세. 좀 더 살을 붙여야겠지만 훨씬 흥미롭네.

안타깝게도 레니가 말한 Funerals.com은 그런 서비스는 아니었다네. 자네 아이디어인가? 아니면 레니의 아이디언가? 레니는 관을 팔겠다는 사업에 매몰되어 있는 것 같았네. 누가 이 사업을 추진할 텐가?

_프랭크

누가 이 사업을 추진하겠냐고?

좋은 질문이군. 레니가 구상한 조직도를 보면 답이야 빤하지만, 그는 아직 제대로 된 계획을 가지고 있지 않았다. 레니는 Funerals.com의 초기 위험을 줄이려고 노력했고, 회사

설립 과정을 관리하는 데만 집중했다. 하지만 이건 벤처기업이다. 벤처기업은 팀원들을 결속하여 감화시킬 수 있는 리더가 필요하다. 아직까지 레니는 우리 중 어느 누구도 감화시키지 못했다.

관리와 리더십은 서로 공통점이 있기는 하지만 같은 건 아니다. 레니처럼 편협한 사고방식을 가지고 있는 사람은 그 차이를 알 수 없다. 관리는 체계적인 과정을 말하는데 그 목적은 정해진 시간과 예산 내에서 원하는 결과를 낳는 것이다. 리더십은 인격과 비전으로 다른 사람을 불가능한 일에 도전하도록 만든다. 관리는 리더십을 보완하고 지원하지만, 리더십을 내포하지 않은 관리는 아무것도 할 수 없다. 리더는 아랫사람들의 의혹을 해소시키고 불완전한 정보를 가지고도 나아갈 수 있도록 만들어야 한다.

레니는 시작부터 Funerals.com의 관리에 착수했다. 프랭크와 내가 그에게 기대하는 가장 큰 부분이 관리 능력이라고 생각한 것이다. 그는 더 쉽게 관리를 하기 위해 앨리슨과 함께 기획했던 처음의 비전을 던져 버렸다. 관리를 어떻게 해야 할지 예상할 수 없게 되자, 비전에 관한 계획 자체를 없앰으로써 사업의 범위를 줄인 것이다. 그 결과는? Funerals.com은 한 점만을 비추는 레이저 빔처럼 쉽게 규정되고 마는 인터넷 소매업으로 변했고, 결국 앨리슨은 물론 나, 프랭크와 파트너들의 관심을 끄는 데도 실패했다. 소위 '대박'에 대한 기대 말고는 레니조차도 이 사업에 관심이 없을 것이다. 나 역시 예전에는 리더십과 관리의 차이를 몰랐다. 다행히 빌 캠벨과 일을 하면서 그 차이를 알게 되었다.

클라리스가 애플에 재흡수된 후 빌은 차세대 노다지 사업이라 불리던 펜 컴퓨터업계의 선구자인 GO의 대표가 되었다. 빌은 나에게 최고재무관리자CFO 및 실무 담당 부사장으로 함께 일하자고 제안했다. 빌의 측근으로서 계획 수립, 투자 유치, 계약 체결, 회계관리 등을 조율하게 되었는데, 결국 '실행'이 나의 주 업무였다.

GO는 키보드와 마우스 대신 펜으로 자료를 입력하는 새롭고 감각적인 컴퓨터 생산을 목표로 설립됐다. GO의 비전은 새로운 인터페이스에 대한 열풍으로 이어졌다. 오래지 않아 AT&T, IBM, 마이크로소프트, 애플, 그리고 기타 유수의 기업들이 이 경쟁에 뛰어들었다. 내가 그곳에 있던 2년 동안, GO는 월 지출만 해도 200만 달러가 넘는 기업으로 성장했다. 회사를 정리하기 전, 그때의 자산은 7,500만 달러가 넘었다. 당시 기준으로 볼 때 경이로운 금액이었다. 하지만 GO의 훌륭한 비전만큼, 필체 인식 과학기술은 뒷받침되지 못했다. 전속력으로 매진했음에도 GO의 성공 가능성은 갈수록 낮아졌지만, 빌의 탁월한 리더십 때문에 경영진 누구도 빠져 나가지 않았다. 지금은 대부분 다른 기업의 책임자에 올라서 있을 정도로 당시 경영진들은 유능한 사람들이었다. 그러나 빌이 함께 하고 있었기에 비행기가 동체 착륙할 때까지 그 누구도 자리를 떠나지 않은 채 일을 했다.

1993년, GO를 떠나게 되었을 때 나는 다음에 무엇을 해야 할지 아무런 계획이 없었다. 빌과 함께 일하는 동안 그는 내게 '대표' 역할을 생각해 보라고 여러 번 말했었다. 내게 프로젝트를 맡겨 어떤 면에서 회사의 책임을 지는 준비를 하도록 독려하기도 했다. 회사를 이끄는 것이 고통스러운 일일지라도, 빌에게는 대표 역할이 그가 해 봤던 것 중 가장 재미있고 만족스러운 일이었다. 그의 제안에 귀가 솔깃하기는 했지만, 나는 산업의 수장으로서 자신을 입증하기 위해 투지를 갖추고 달려갈 전형적인 MBA 출신이 아니었다.

나는 창의력이 충분히 발휘될 수 있는 자리를 원했다. 또한 노력보다 영감이 중시되는 곳을 원했다. 그러다가 단순히 애플리케이션만을 전달하는 게 아니라 유용한 정보와 재미있는 오락을 전할 수 있다는 디지털 '콘텐츠' 사업에 흥미를 느꼈다. 코를 킁킁거리고 냄새를 맡으며 주위를 살펴본 결과, 디지털 콘텐츠 시장이 황금알을 낳는 거위가 될 것이라는 생각이 들었다. 풍부한 콘텐츠의 원천으로 인기가 높던 PC게임과 CD-ROM을 당장 구입했다. 쌍방향으로 뭔가를 할 수 있다는 점에서 강한 매력을 느꼈다. 게임은 이러한 상호작용을 위한 가장 적합한 매체이지만, 디지털 콘텐츠를 활용한 쌍방향성의 구현 방안은 그 외에도 많다는 것을 알았다.

그러던 어느 날, 샌프란시스코 북쪽의 마린 카운티에 있는 '루카스아트 엔터테인먼트'라는 게임회사에서 '대표'를 찾는다는 전화를 한 헤드헌터에게서 받았다. 조지 루카스가 만든 엔터테인먼트 사업의 전자게임 계열사였다. 헤드헌터의 말로는 루카스아트가 모든 후보자를 거절했기 때문에 매우 급하다고 했다. 나에게의 전화가 마지막 요청이었다. 그 회사에서 나한테 관심이 있을 리 없지 않느냐는 말에도 그는 집요했다. 할 수 없이 변호사 시설에 입던, 이제는 몸에 맞지도 않고 유행에도 뒤처진 양복을 입고 루카스아트 채용 위원회를 찾아갔다. 회사에 대한 설명을 듣자 나는 더욱 의구심이 들었다. 업무 내용도 지금까지 내가 했던 일과는 전혀 딴판이었다. 나는 그들이 원하는 경험도 없을 뿐 아니라 게임을 좋아하지 않았다. 그런데도 다시 만나자는 연락이 왔다. 헤드헌터는 양복을 바꿔 입는 게 어떻겠느냐고 했다.

그 자리가 나와는 전혀 어울리지 않는다는 생각에 GO 시절에 가까운 친구였던 데비 비온도릴로에게 의논했다. 풍부한 상식을 가지고 있는 데비는 GO의 인사부를 맡았었고, 그 전에는 애플의 인사부 차장이었다. 채용 위원회 사람들에게 전달하려고 했던 말을 데비에게 반복했다. 루카스아트 비즈니스 모델과 제품 전략, 유통 구조상의 장점이 주요 내용이었다.

"날카롭고 논리적인 의견이야."

내 말이 끝나자 데비가 말했다.

"그들은 대표자를 찾고 있어. 리더를 찾고 있는 거라고. 네 비전은 뭐지? 커다란 그림은? 사람들을 어떻게 신나게 만들건데? 회사 차원에서 네가 어디로 회사를 이끌어 갈 건지 듣고 싶을 거야."

나는 전술적인 문제를 해결하는 데 노련한 사람이었다. 관리자로서 하던 일이 늘 그런 것이었으니까. 하지만 지금은 사람들을 통솔하고 자극하며 유능한 인재와 협력업체를 끌어들일 수 있을 만한 비전을 제시해야 했다. 데비는 나에게 관리능력(정력적으로 실무를 실행하는 것)도 능력이지만 사람을 자극하고 이끌며 동기를 부여하는 것은 더 귀한 능력이라고 했다.

　나는 백지 한 장을 올려 두고 생각들을 적어가기 시작했다. 쌍방향 스토리 전개의 발전 방향을 도형으로 그렸다. 쌍방향 스토리 전개와 기존의 스토리 전개방식 또는 게임 이외의 매체가 다른 점을 동그라미 안에 기록했다. 엉성했지만 이야기가 되는 것 같았다. 백지 안에 담긴 내용도 내용이지만, 내가 얼마나 자유로운 발상을 좋아했는지 오랜만에 느꼈기 때문에 신이 났다.

　비전을 생각했다는 것이 이유이긴 했지만 몇 가지 나 자신에 대한 탐구를 마친 다음에야 나는 면접에 응하기로 결정했다. 그 말은 영화계의 신화를 직접 만난다는 뜻이었다. 루카스아트에 대한 여러 가지 아이디어에 잔뜩 들뜬 나는 오토바이를 타고 스카이워커 랜치까지 달려갔다. 나는 루카스아트의 창의력을 발전시키고 스토리의 거장인 조지 루카스의 명성에 맞춘 게임을 만들겠다는 계획을 갖고 있었다. '인더스트리얼 라이트 & 매직'이 영화 내의 특수효과에 남긴 업적을 비디오 게임 산업에도 남겨지도록 만들 것이다. 루카스라는 브랜드를 쌍방향 스토리 전개에 탁월한 재능을 가진 창의적인 인재들의 천국으로 만들어야지.

　드디어 조지 루카스를 만났을 때, 나는 차트를 보며 쉴 새

없이 설명했다. 줄곧 쌍방향 스토리 전개와 게임이라는 매체에 대해 가지고 있던 비전을 말했다. 이미 그 부분에 대해 많은 생각을 해 봤을 조지는 게임과 쌍방향 콘텐츠의 미래를 놓고 나와 활발하게 대화를 이어나갔다. 내가 보였던 비전과 열정 때문이었는지, 단순히 루카스아트의 자포자기 때문이었는지 모르지만 결국 나는 루카스아트라는 배의 열쇠를 건네받았다.

대표의 업무가 비전 제시에만 있는 것이 아니겠지만, 루카스아트에서 내 업무의 상당 부분은 관리적 노력을 다하는 데 있었다. 우리는 즉시 국내 유통전략을 뜯어고치고 국제 유통계약을 다시 맺었다. 이익률과 시장통제 능력을 높여서 타사 제품일지라도 루카스 라벨을 붙여 유통시키기 위함이었다. 자체적인 영업팀도 구성했다. 이 결정에는 논란이 많았다. 루카스가 제품 개발 이외의 분야에는 한 번도 투자해 본 적이 없었기 때문이다. 하지만 그 해 여름에 히트작 〈TIE 파이터〉를 출시했을 때, 운 좋게 기존 유통업자가 무너져 줬고 이는 가장 적절한 시기에 대안을 마련한 모양새가 되었다.

그다음, 회사 내의 수많은 반대에도 불구하고 루카스아트 CD-ROM의 대히트작인 〈레벨 어설트〉의 속편을 제작하기로 했다. 이번에도 운이 따랐다. 속편은 엄청난 판매량을 올렸다. 회사 설립 이래 처음으로 에듀테인먼트 CD 제작팀을 만들었다. 게임 콘솔 울트라64의 발매를 앞두고 있던 닌텐도와 〈스타워즈〉 타이틀 제작 우선권 및 협업을 약속하는 계약도 맺었다.

매번 주변의 동의를 구하는 것에도 어려움이 있었지만, 궁극적으로 결과를 통해서 인정받아야 한다는 것을 깨달았다. 운도 좋았고 열심히 일한 덕분에 좋은 결과를 얻게 되었다. 2년 만에 루카스아트는 PC게임 유통업계 일인자가 되었고, 판매와 수입도 세 배에서 네 배 증가했다.

기차를 제시간에 맞게 도착시키는 관리자의 역할보다 리더로서의 업무가 나는 더 마음에 들었다. 리더의 묘미는 계산기를 두드리고 생산라인을 개선하는 방법을 찾는 것에 있지 않았다. 사람들이 한계를 넘어설 수 있도록 용기를 북돋고, 사람들이 위대해질 수 있도록 자극을 주며 나보다 더 잘할 수 있는 사람에게 그 일을 맡기며, 또한 사람들이 조화롭게 업무를 수행할 수 있도록 돕는 데 있었다. 그게 수준 높다할 수 있는 기술이었다.

레니 역시 한 단계 성장하고 이와 비슷한 변화를 꾀할 필요가 있을 것이다. 그는 리더의 역할을 해야 하고, 사람들이 모여들 수 있도록 비전을 보여 주어야 한다. 단순히 기차를 움직이게 하는 것만으로 만족할 생각은 버려야 한다. 기차의 행로를 정하고 사람들을 여행에 동참시켜야 한다. GE의 잭 웰치 같은 리더가 어디 흔한 사람이냐고 묻는 이도 있겠지만, 리트리버가 돼서 진흙 속의 Funerals.com을 일구어 낸다면 레니도 1단계용 대표가 될 수 있다. 관리상의 문제는 다음 단계로 넘어가서 걱정할 부분이다.

나는 웹TV의 스티브 펄먼과 함께 일하면서, 벤처기업 초기에 리더십과 관리 간의 균형을 유지하는 것이 얼마나 중요한지 알게 되었다.

1986년, 애플에서 그를 처음 만났다. 당시 스티브는 첨단 개발본부에서 신동으로 불리는 탁월한 발명가였고, 그 후로도 우리는 자주 연락을 주고받았다. 1995년에 내가 크리스털 다이내믹스에서 막 근무를 시작했을 때 스티브는 자신의 집으로 나를 초대했다. 일급 비밀 프로젝트를 한번 검토해 달라는 의도였다. 전선, 기판, 컴퓨터 가게에서 사 모은 각종 부품들로 꽉 찬 그의 서재에서 그는 플레이보이 웹사이트를 보여줬다.

초기 웹 검색을 하는 사람들이 플레이보이 사이트를 보는 건 일상적인 일이었다. 하지만 스티브는 한 차원 개선된 형태로 그 사이트를 보여줬는데, 바로 TV에 웹 사이트를 띄우는 것이었다. 공통점이라고는 전혀 없는 컴퓨터와 TV를 연결시켜 TV 중독자도 인터넷을 이용할 수 있도록 한 것이다. 컴퓨터를 가진 사람, 그 사용 능력이 있는 사람뿐 아니라 TV를 가지고 있는 사람까지도 누구나 인터넷을 즐길 수 있게 된 것이다.

스티브는 동업자들을 모아 웹TV의 전신인 '아르테미스 리서치'를 세워 개발에 나섰다. 경영을 해 본 경험이 없던 그는 나에게 대표를 맡아 달라 요청했다. 'TV 속의 인터넷'이란 그의 비전은 참 재미있었고 또 그를 좋아하기도 했지만, 당시 크리스털 다이내믹스의 대표를 맡은 지 얼마 안 되던 때라 거절해야만 했다. 하지만 창업에 관련된 조언을 아끼지 않았고 얼마 지나지 않아 고문을 맡게 됐다. 스티브는 재무, 사업계획, 협상, 직원 채용 등 회사 관리 전반에 대한 자문을 구하기 위해 나에게 자주 전화를 걸었다. 그는 뭐든 빨리 터득하는 사람이었다.

1년 후 내가 크리스털을 떠나자 스티브는 나에게 대표가 되어 달라고 다시금 부탁했다. 이번에는 쉬운 결정이 아니었다. 그는 천부적인 리더였고 카리스마 있는 비전으로 가장 유능한 인재, 투자자, 후원자를 끌어 모은 상태였다. 회사의 비전을 제시하는 지도자로서의 그의 역할이 이미 있었기에 만약 내가 대표직을 수행한다면 루카스아트에서의 리더십이 아닌, GO에서 담당했던 관리자 역할이 될 게 분명했다. 이번에도 나는 거절해야만 했다.

이후에도 웹TV는 빠르게 성장했고 2, 3년 사이에 직원수가 몇 백 명으로 증가했으며 자산도 1억 달러가 넘었다. 스티브에게는 이 방면에 경험이 있는 사람이 필요했다. 결국 나는 공식적인 직책을 거절한 채 관리 전반에 걸쳐 깊이 관여하게 되었다. 스티브가 '가상 CEO'라고 적힌 명함을 준 게 바로 이때였다.

웹TV는 '놀라운 신세계' 타입의 기업이었다. 빠른 성장에도 불구하고 웹TV의 비즈니스 모델은 아직 명확하지 않았다. 어느 누구도 어떻게 돈을 벌 수 있는지 알지 못했다. 하드웨어의 제작비는 유통업체에 넘기는 도매가보다 훨씬 비쌌다. 결국 서비스로 이윤을 남겨야 하지만 어떤 서비스를 제공해야 하는지, 어떤 가격을 책정해야 하는지도 여전히 불분명했다.

하지만 스티브는 불확실 속에서 더욱 빛을 발하는 사람이었다. 그를 기술 방면의 리더로만 부르는 것은 부족한 표현이다. 기술은 그가 성공할 수 있었던 수많은 이유 중 단지 일부분일 뿐, 그는 훌륭한 흥행의 귀재였다. 어떨 땐 에디슨으로, 또 어떨 땐 유명한 프로모터인 P. T. 바넘 같은 사람이었다. 그는 어마어마한 비전으로 투자자와 직원들에게 최면을 걸어 명확한 수익모델이 없다는 사실을 잠깐 동안 잊게 만드는 능력을 가졌다. 투자를 유치할 때마다 내가 생각했던 것보다 기업 평가액을 높게 책정하고도 주요 파트너들을 끌어들일 수 있었다.

스티브를 돕는 입장이었던 나는 투자자와 직원들을 위해 빨리 사업을 합리화해야 할 것이라는 의무감을 느꼈다. 경제 감각을 체계적으로 정리하는 게 가장 급했다. 스티브는 반발했다. 회사 운영을 위해 순이익을 달성해야 한다는 강박관념에 휩싸이기보다는 TV 위에 펼쳐지는 인터넷이라는 비전을 더욱 발전시키고 잠재성을 시험해 보고 싶다고 주장했다.

어느 날 인터넷 TV를 활용한 사업 구상으로 씨름하고 있을 때, 스티브가 갑자기 들어오더니 이렇게 선언했다.

"이제부터는 'TV 속의 인터넷'이 아냐. 보다 '한 차원 높은 TV'지."

도대체 한 차원 높은 TV는 또 뭐지?

그의 새롭고 광범위해진 비전은 TV 속의 인터넷을 넘어서는 수준으로 발전했다. 서비스 또는 프로그램 공급자와 시청자 간에 자유로운 정보 교환이 이루어져야 한다는 게 그의 새 아이디어의 핵심이었다. 이제 시청자는 수동적인 자세에서 벗어나 TV와 상호작용을 할 수 있다는 것이다. 쌍방향 프로그램은 인터넷을 통해 제공되며 케이블, 위성, 일반 방송국의 비디오 프로그램과 자연스럽게 연결이 된다. 시청자들은 좋아하는 드라마 스타와 대화를 할 수 있고, 유명인사의 사생활을 엿볼 수 있으며 영화의 역사적 배경을 찾아보거나 스포츠 경기를 보면서 방대한 통계까지 참고할 수 있는 것이다.

처음 들었을 때는 '한 차원 높은 TV'가 현실에 충실한 기업이 되려는 '웹TV'의 노력을 방해한다는 생각이 들어 이 의견을 묵살해 버렸다. 스티브는 그런 게 아니라고 계속해서 주장했고, 결국 나는 그가 옳다는 것을 인정했다. 'TV 속의 인터넷'의 경우 새로운 서비스를 마련해야 한다는 단점이 있었다. 사업 입지를 확보할 때까지 시간이 걸린다는 의미였다. TV 중독자들이 인터넷을 검색하려고 매달리지 않을 수도 있기에 결국 시장이 작을 수 있었다. 하지만 '한 차원 높은 TV'는 누구나 가지고 있는 매체인 TV의 활용도를 높이자는 것으로 약 1억 가구가 잠재 소비자가 되는 엄청난 구상이었다.

문제는 시장에서의 기회가 커질수록 그 규모에 따라 사업도 복잡해질 수 있다는 점이었다. TV프로그램과 인터넷을 어떻게 강제로 연결시킬 수 있을까? 콘텐츠는 어디서 얻어야 할까? 수신장비에 필요한 추가 저장 공간에 대한 비용은 어떻게 마련할 수 있을까? 머릿속이 빙빙 돌기 시작했다. 영화 〈샤이닝〉에서 나오는 장면처럼 빨간 잉크가 복도를 타고 강처럼 흘러내리는 듯한 착각이 들었다. 1, 2억 달러가 아니라 10억 달러는 족히 있어야 할 수 있는 사업이었다. 10억 달러를 어디서 구해야 할지 막막했다.

마이크로소프트 역시 이와 비슷한 아이디어를 구상하고 있었다는 게 나중에 밝혀졌다. 컴퓨터로 TV를 대신하려는 점에서 큰 차이가 있긴 했다. 스티브는 이걸 어리석은 생각이라고 했다. 웹TV가 인터넷 콘텐츠와 TV프로그램의 결합을 내세우면서 '한 차원 높은 TV'를 홍보하기 시작했을 때, 마이크로소프트는 두 회사 모두 최고가 될 거라는 생각에 스티브에게 접근했다. 스티브는 많은 고민 끝에 매각을 결정했다. '한 차원 높은 TV'를 만들려면 엄청난 비용이 든다는 것을 알았기 때문이다. 마이크로소프트의 충분한 자금력이라면 시도해 볼 만한 일이라는 생각도 있었다. 스티브가 매각을 결정하지 않았더라면 각종 청구서를 처리할 수 있었을지 의문이다.

만약 스티브가 비전을 제시하는 리더 역할을 일찌감치 포기하고 전반적인 운영에 신경 쓰는 관리자가 되었다면 웹TV를 마이크로소프트에 매각할 수 없었을 것이다. 인터넷TV 사업으로만 국한시켰다면 스티브의 원대한 비전도 평가절하될 수밖에 없었을 테고, 그랬다면 이 위험한 사업을 혼자 감당하기 위해 치열하게 싸워야 했을 것이다.

스티브 펄먼과 웹TV를 보면서 나는 벤처기업 초기 단계에는 똑똑한 관리자보다 비전 있는 리더가 필요하다는 교훈을 얻었다. 만약 비전 있는 벤처기업을 관리형 기업으로 너무 일찍 전환시킨다면 벤처기업만의 특권을 포기하는 것이 된다. 원래 가지고 있을 잠재력만큼 크고 훌륭하며 유명하게 성장할 수 없게 된다. 운영계획에 따라 매 분기별로 평가를 받을 때, 비전을 키우는 것은 훨씬 힘들고 불가능할 수도 있다. 너무 큰 장애물들이 놓여지기 때문이다. 스티브야말로 웹TV 초창기에 적합한 훌륭하고 유일한 리더였다.

레니는 스티브와 정반대로 움직이고 있었다. 처음에는 큰 구상을 가지고 있었지만 시작도 하기 전에 관리적인 측면으로 넘어가 버리고 말았다. 그 과정에서 큰 구상도 없어지고 그의 발전 가능성도 줄어버렸다. 이제 사람들을 감동시킬 만큼 강력한 비전을 제시해 그의 능력을 보여줘야 한다. 그런데 과연 그렇게 할 수 있을까?

마지막으로 이메일을 체크하는데 레니의 이메일이 보였다. 프랭크의 메일을 받았겠군. 내가 받았던 '이 건은 투자하지 않겠네'라는 직접적인 내용은 아니었겠지만, 레니에게는 아마도 몇 가지 가능성을 주면서 'NO'라는 뜻을 전달했을 것이다.

뭔가 크게 잘못됐습니다.
랜디 선생님.
오늘 밤 집에 돌아왔더니 프랭크 씨의 이메일이 도착해 있었습니다.
저는 혼란스럽습니다. 프랭크 씨가 "다른 가능성에 대해 모색해 봅시다"라고 하셨는데, 지금 지원은 언제쯤 받을 수 있다는 말씀일까요?
감사합니다.

_레니

나는 '회신'을 눌러 답장을 썼다.

Re: 뭔가 크게 잘못됐습니다.
제가 프랭크의 생각을 대변할 수는 없겠지만, 짐작하건대 없었던 일로 하는 것 같군요. 프랭크는 관심 없다는 뜻을 그런 식으로 전달한 것 같습니다. 두 번의 기회가 있었지만 Funerals.com에 대한 누구의 흥미를 끄는 데도 실패한 것으로 보입니다. 너무 직접적으로 말을 한 것 같다면 미안합니다만, 제 생각이 틀릴 가능성은 별로 없을 겁니다.

조언을 하자면 앨리슨과 함께 왜 이 일을 처음에 계획했는지 생각해 보세요. 콘디토레이에서 그녀가 했던 말에 관해서도 좋아요. 그중에서 몇 가지를 되살릴 수 있도록 노력해 보시죠. 유용한 콘텐츠와 활발한 커뮤니티를 구축하면 엄청난 호응이 있을 테고, 광고 및 홍보 수입이 생길 겁니다.

사람이 많은 곳에 돈이 있기 마련입니다.

너무 안전한 길만 추구하지 마시길 바랍니다. 당신의 시간이나 프랭크의 시간을 낭비하는 일도 없길 바랍니다.

자신에게 질문해 보시죠. Funerals.com이 평생을 바쳐도 좋을 만한 사업이 되려면 어떤 요소를 갖춰야 될까요? 거기서부터 출발하세요.

잘 있어요.

_랜디

9
도전

THE MONK AND THE RIDDLE

다음 날 아침 일을 시작하면서 처음으로 생각난 사람은 레니였다. 그는 지금 갈림길에 서 있다. 레니가 Funerals.com에 쏟았던 애착에는 별 관심이 없지만 앨리슨의 생각은 나의 공감을 불러 일으켰었다. 커뮤니티 서비스에 대한 열정은 진심이었고, 원래 꿈이 날아간 걸 알았을 때 보였던 실망도 진심이었다. 레니가 앨리슨과 같은 비전을 가지고 있었더라면 나 역시 진정으로 그들에게 기회를 주고 싶었다. 하지만 레니가 한계가 분명한 자신의 관점을 버릴 수 없다면 이제 그만 Funerals.com을 접는 편이 나을 것이다. 그는 지금까지 외면해 오던 근본적인 문제들에 대해 곰곰이 생각해 봐야 한다.

이 사업을 시작하는 이유가 뭔가?

그에게는 무엇이 중요하고, 무엇을 소중히 여겨 왔는가?

자신은 누구이며 비즈니스를 통해 어떻게 본래 자신을 표현할 수 있을 것인가?

그 답이 궁금했다.

메일을 체크했지만 레니가 보낸 메일은 없었다. 대신 놀랍게도 앨리슨이 보낸 메시지가 있었다. 나는 서둘러 메일을 열었다.

한가지 마지막 질문

랜디 선생님.

어제 시간을 내주셔서 감사 드려요. 제 입장을 이해해 주세요. 레니는 지금 Funerals.com을 시작하겠다는 생각밖에 없어서 정작 중요한 게 뭔지를 잊고 있어요.

솔직히 저는 실망했어요.

선생님께서 이메일을 보내주신 덕분에 벤처캐피털리스트 면담 결과를 알게 됐어요. 레니에게는 유감스러운 일이지만 저에게는 놀라운 소식이 아니었어요. 안타깝게도 레니는 지금 갈피를 잡지 못하고 있습니다.

계란으로 바위 치기였다는 생각에 충격을 받은 것 같아요. 제가 아는 한 그는 인정하려 하지 않을 거예요. 누군가 이야기를 들려줄 사람이 있어야 할 것 같아요.

제가 한다면 어떨까요? 선생님의 충고대로 커뮤니티 아이디어를 계속 진행하고 싶어요. 제 관심은 그것뿐이에요. 처음의 아이디어가 지원받는다면 레니도 받아들일 거라고 확신해요.

정말 감사 드려요.

_앨리슨

분위기가 전환될 조짐이 보였다. 앨리슨은 좋은 직장으로 옮길 기회가 생겼지만 원래 가지고 있던 비전에 기꺼이 도전할 용기가 있었다. 레니도 똑같이 생각하는지 궁금했다. '미뤄 놓은 인생 설계'에서는 표현 그대로 인생에서 가장 중요한 것을 나중에 하려 한다. 만약 레니가 가장 소중한 꿈을 이루기 위한 사업을 시작했는데 실패한다면? 최선을 다했음에도 불구하고 그의 열정이 담긴 일을 보고 관심 없다며 사람들이 알아주지 않는다면? Funerals.com은 레니 자신의 본래 의도가 드러나는 것을 최소화하고, 진짜 시험을 피해가려는 시도에서 비롯된 사업이다. 목표를 너무 낮게 잡은 것이다.

아침 스케줄은 없었다. 나는 잠시 이 생각에서 벗어나기로 했다. 옷을 갈아입고 경주용 자전거를 몰고는 언덕길을 신나게 달렸다. 나는 자전거 페달을 밟을 때 가장 기발한 아이디어가 떠오르곤 했다.

첫 번째 코스는 '페이지 밀 로드'인데, 떡갈나무 숲을 지나 6킬로미터가 넘게 구불구불 이어진 길이다. 아침 햇살이 부서지며 반짝이는 항구가 가끔 보이기도 한다. 자전거 여행은 내가 가장 오랫동안 즐겨온 여행 방법이다. 1970년대와 1980년대 초, 뉴잉글랜드, 캐나다 동부, 심지어는 중국의 여러 도시를 수천 킬로미터에 걸쳐 자전거로 누볐다. 하지만, 여행에 대한 사랑은 실리콘밸리 일을 하면서 잠시 묻었었다. 그러다 몇 년 전 가상 CEO가 되었을 때 우선순위와 열정을 재조정했다. 그 뒤 프랑스, 스페인, 베트남, 라오스, 미얀마를 자전거로 여행했고, 부탄도 조만간 여행할 계획을 가지고 있다. 그 외 다른 지역을 여행할지 또 누가 알겠는가?

다리를 움직여 페달을 밟는 동안 위험부담이라는 단어가 머릿속을 맴돌았다. 밸리의 모든 일들은 위험부담을 안고 있다. 레니는 커다란 구상을 세상에 내보이지 않은 채 실패할까 걱정하며 망설이고만 있다. 관을 싸게 파는 사업은 명확한 수익모델을 가지고 쉽게 돈을 버는 것으로 보였을 것이고, 그런 생각이 드니 진정한 최선을 다하지 않고 있다. 그와 앨리슨이 처음 계획했던 사업, 두 사람을 들뜨게 만들던 그 사업이 사람들의 주목을 얼마나 받을지 확실치 않기 때문에 위험부담이 클 것이라고 생각했을 것이다. 그래서 레니는 프랭크의 욕심에 부합하여 투자를 받기 위해 이익을 내는 일에 집착한 것이다. 그는 프랭크는 물론 비전, 열정, 거시적 구상의 힘을 모두 과소평가했다. 그가 중요하게 여겼던 것은 어떻게 하면 남들과 차별화될 수 있을지가 아니라, 어떻게 하면 돈을 벌기 위해 가장 덜 위험한 길로 갈 수 있을지였다. 그 결과 모순적이게도, 그는 실리콘밸리에서 가장 위험한 방법인 평범함을 택했다. 스스로 무덤을 판 것이다.

밸리가 사업의 위험부담과 실패에 대해 어떻게 생각하는지 레니는 전혀 모르고 있었다. 이곳은 실패의 가능성을 최소화하거나 아예 없애기 위해서 위험 수위를 조절하기보다는 성공 가능성을 극대화하는 것에 집중한다. 실패는 성공을 위해 거쳐야 하는 부분이다.

실리콘밸리는 사업상의 실패에 대해 너그럽다. 하지만 어리석음과 게으름, 불성실에 대해서는 벌을 내린다. 실패는 성공의 어머니다. 시장의 변화와 경쟁업체의 변화, 혹은 과학기술의 변화처럼 자연적으로 발생하는 불가항력적인 사업상 실패에 대해서는 용서한다. 여기서 중요하게 생각하는 것은 그 사업이 실패한 이유다. GO처럼 커다란 구상을 가지고 있었는데 시대를 너무 앞서간 것으로 밝혀진다면 실패한다고 해서 사업가의 인생이 끝난 것은 아니다. 합당한 이유로 실패한 사업은 GO의 모든 핵심 멤버들이 그랬던 것처럼 오히려 풍부한 경험을 쌓고 또 다른 사업의 기회를 갖는 계기가 될 것이다.

언젠가 '테드 윌리엄스'가 말하길 야구는 인간의 노력만이 존재하며 70퍼센트만 실패해도 성공으로 간주되는 분야라고 했다. 나는 벤처캐피털이 하는 사업도 여기에 해당한다고 믿는다. 아무리 인터넷 열풍이 거세다고 하지만 크게 성공하는 기업은 열 개중 단지 두세 개밖에 안 되기 때문이다. 투자자로서는 이런 역설적인 상황을 설명하는 것이 간단하다. 외로운 승자들이 선물하는 배당금은 모든 패자가 잃은 금액의 10배에서 100배에 달한다. 이제 벤처캐피털 사업과 실리콘밸리가 어떤 식으로 돌아가는지 알겠는가? 이 부분을 이해할 수만 있다면 그들이 어떤 식으로 사업 아이디어를 평가하는지도 짐작할 수 있을 것이다. 이들은 남들과 다른, 그것도 아주 다른 아이디어를 원한다. 위험에 대한 방어책을 친다면 이들의 주목을 받을 수가 없다. 위험부담을 줄이는 것으로는 이들의 환심을 살 수 없다. 사업상 실패는 안타까운 부분이지만 큰 성공을 위해서 꼭 필요한 단계이기 때문이다.

페이지 밀 로드의 정상에 도착한 후, 지평선이 있는 북쪽으로 고개를 돌려 늘 불안정한 샌안드레아스 폴트 지진대의 산등성이를 바라봤다. 수천 년 전의 지각 변동으로 생긴 이 산들은 동쪽의 실리콘밸리와 서쪽의 태평양을 가르는 역할을 한다.

실리콘밸리의 실패에 대한 관대함은 심오한 철학을 가지고 있다. 변화란 불가피한 것이고 변화하는 세계에서 우리가 통제할 수 있는 것은 거의 없다. 통제 밖의 변수가 존재할 때는 아무리 똑똑하고 부지런한 사람이라도 실패의 그림자를 가지고 있는 셈이다. 사람들은 삶의 대부분을 통제할 수 있다고 스스로를 속이며 살아가고 있지만 말이다.

이런 철학이 제기되면 사람들은 대부분 이렇게 말한다.

"물론이지. 분명한 거야."

하지만 위인들은 순전히 자기 혼자만의 힘으로 성공을 일궈냈을 거라고 생각하는 경우가 아직도 우리 주변에 많다. 언론에서는 한 기업이나 산업의 업적을 보여주기 위한 한 명의 대표자나 기업가를 찾아 그 한 사람만을 부각시키려 한다. 기삿거리로는 좋을지도 모르겠지만, 지나치게 단순화시키는 일이다. 밸리에서 누군가 갑자기 1억 달러를 손에 넣게 됐는데 본인의 기술과 능력이 뛰어나서 생긴 돈이라는 생각에 혼자서 독차지할 만한 자격이 있다고 여긴다고 가정해보자. 그러면 사람들은 언론에 현혹된 나머지 그 사람을 신격화하기 시작한다. 그 이면에는 다른 사람들의 노력과 행운이 내포되어 있음을 전혀 모른 채 말이다. 하지만 성공했던 사람이 실패를 했을 때도 과연 그걸 온전히 자기 몫으로 인정할 수 있을까? 성공과 실패를 겪어본 사람은 실패에 대한 비난만큼 성공에 대한 칭찬에도 부담을 느낀다.

나는 오랫동안 성공에 대해 충분한 인정을 받아 왔다. 게임을 지배하는 규칙의 전문가인 변호사였고, 전성기의 애플에서도 일했다. 또한 클라리스라는 유명 벤처기업의 창업 멤버로서 회사의 성장을 도왔다. 그때까지만 해도 내 운명은 내가 결정지을 수 있다고 확신했다. 하지만 GO를 거치며 세상에는 나 혹은 그 밖의 누군가가 통제할 수 있는 것보다 훨씬 큰 무엇이 있다는 것을 알게 됐다. 다음 봉우리 너머 무엇이 있을지, 다음 계곡 너머에는 무엇이 있을지 모른 채 오랫동안 시간을 보내다 보면 인생에서 내가 통제할 수 있는 부분은 오직 나 자신의 장점밖에 없다는 것을 깨닫게 된다.

나는 창업 지망생들에게 사업상의 위험부담과 성공에 대해서 이야기 할 때면 이런 말을 한다.

만약 당신이 똑똑하면 위험부담이 15~20퍼센트 정도 감소한다. 하루에 24시간 일한다면 15~20퍼센트 정도 감소한다. 나머지 60~70퍼센트의 위험부담은 당신이 절대로 통제할 수 없는 부분이다.

내 아버지는 블랙잭이라는 도박을 한다. 블랙잭은 늘 카지노가 이기도록 돼 있다. 블랙잭을 계속하면 잃는 금액만 점점 커질 뿐이다. 내 아버지처럼 도박사가 아니라면 말이다. 아버지는 딜러가 돌리는 카드를 보면서 머릿속으로 확률을 계산한다. 카드 한 장 한 장마다 최선을 다하면서 좋은 패가 뜨는 기회를 노리다가 승리의 여신이 그에게 미소 짓는 순간 승부수를 띄운다. 그런 순간마다 승리를 쌓는 것이다. 물론 카지노에서는 사용되는 카드 세트의 수를 늘린다거나 카드를 바꿀 수 있는 횟수를 줄여 게임을 더 어렵게 만든다. 그럼에도 아버지는 정복하지 못한 게임에 대한 애정으로 승리의 기회를 참을성 있게 기다리며 꾸준히 도전한다.

만약 몸담고 있는 분야에 실력이 있고 하늘이 돕는다면 승리할 것이다. 물론 처음에는 시간이 부족할 수 있지만 매일 실력을 발휘한다면 카지노를 이길 가능성이 점점 커진다. 단순히 행운과 함께 오는 성과가 아니라 얼마만큼 실력을 발휘하느냐를 성공의 척도로 삼아야 한다. 외부 여건을 통해서 만족감과 성취감을 느껴서는 안 된다. 사업으로 얼마나 성공을 거뒀는지가 아니라 내가 어떤 일을 하는지, 내가 어떤 사람인지에 그 토대를 두어라. 세상에는 통제할 수 없는 부분이 있다는 것을 깨닫지 못하면 심각한 실수를 저지르고, 자원을 엉뚱하게 쓰며 시간을 결국 낭비할 것이다.

　나는 사람들에게 개인적인 것뿐만 아니라 사업적인 것까지 모든 위험부담을 생각해 보라고 말한다. 밸리 외부의 인사들 중에 관리직을 채용하기 위해 얘기하다 보면 위험에 관련된 문제가 자주 거론된다. 유명한 인사들도 벤처 사업이 대박이 나지 않거나 문을 닫을 만큼 나빠질 것을 두려워한다. 그들 중에는 위험부담에 너무 신경 쓴 나머지 아무런 결정도 내리지 못하는 사람들도 있다. 이들은 모든 사항을 열심히 검토하지만, 어느 순간부터는 추가 정보나 확증이 있어도 사업의 궁극적인 성공이나 실패에 대한 갈피를 잡지 못하게 된다. 이렇게 되면 이들은 불확실에 휩싸인 나머지 그 자리에 얼어붙은 채 현상만을 유지한다. 결국 그들이 아는 것은 그게 전부가 된다.

　하지만 좀 더 파고들어 가면, 사업의 위험부담과 함께 결부되는 개인의 위험부담도 고려하게 된다. 개인의 위험부담은 존경하지 않는 사람과 함께 일하는 것, 나와 다른 사업관을 가진 회사에서 일하는 것, 그리고 중요하다고 생각하는 것을 타협해야 하는 것, 본모습을 제대로 발휘할 수 없는, 혹은 완전히 모순되는 일을 하는 것들을 의미한다. 하지만 그

중 가장 큰 위험부담은 미래의 행복을 위안으로 삼으면서 하고 싶지도 않은 일에 평생 인생을 낭비하게 되는 것이다.

몇 년 전 애플의 입사제의를 받고 나서, 다니던 법률회사의 긴 복도를 내려다 보는 순간 내 답은 명확해졌다. 애플이 성공할 건지 실패할 건지, 스톡옵션으로 돈을 벌 수 있을지 아닌지는 내게 중요한 것이 아니었다. 다만 변호사로서 성공이 확실히 보장되는 곳에 남을 건지 아니면 확실한 목적지도 없는 벤처기업에 뛰어들어서 창의력을 발휘할 건지가 문제였다. 나는 사업상의 위험부담 때문에 망설인 것이 아니라 더 잘 통제할 수 있는 개인적 위험부담 때문에 고민한 것이다.

내가 법률회사에 남을 경우, 관심도 없고 심지어는 내 가치관에 어긋날 때가 있는 일을 하면서 평생 불만족스러운 삶을 살아야 할 가능성이 있었다. 전문가가 되려면 창의력을 억누른 채 한 분야로만 매진해야 한다. 애플의 성공 여부보다 법률가로서의 위험부담이 훨씬 더 컸다. 결국 나는 당시 삶에서 가장 중요하다고 여겨지는 것을 추구하기로 결심했다.

이론적으로만 보면, 사업 실패의 위험부담은 실패의 가능성에 실패의 비용으로 곱한 값이 된다. 물론 주관적인 분석이지만 이 과정을 통해 재정적인 위험부담과 보상에 대한 자기 스스로의 태도가 밝혀질 수 있다.

반면 개인적 위험은 계량화가 불가능하다. 그것은 가치와 우선순위, 자신이 누구인지를 표현하는 문제다. '안전 제일주의'라는 말은 현상에 만족하겠다는 것을 의미한다. 지금 당장 금전적 이익이 있으면 시간 낭비와 만족감의 부재 또한 감수할 수 있다는 뜻이다. 아니면 아무 생각조차 해보지 않겠다는 뜻이다. 반면, 시간과 만족이 값을 매길 수 없을 만큼 소중한 것이라 여긴다면 자신과 가족의 행복을 위험에 빠뜨리지 않는 한도 내에서 실패에 따른 위험부담을 감수하게 된다. 원하는 삶을 살기 위한 위험부담은 아무것도 아니라는 것을 알기 때문이다.

개인의 위험부담을 생각하다 보면 개인의 성공에 대한 정의도 내려진다. 사업적인 성공이 꼭 개인적인 성공으로 연결된다고는 할 수 없다. 우리는 대부분 초등학교에서부터 대학교를 거쳐 직장생활에 이르기까지, 끊임없는 방해요소에 부딪히면서 다른 사람들이 내린 '성공'의 정의를 그대로 인식하게 된다. 다른 사람들이 만든 기준으로 자신을 평가하고, 다른 사람과 나를 비교해 순위를 매기려 한다. 개인적인 목표는 오로지 우리 스스로에게 놓여 있을 뿐, 쓸데없는 평가와 비교로부터 자유로운 것이다.

'총체적인 인생 설계'만이 개인적인 성공을 이끈다. 내일

죽더라도 최대의 만족감과 충족감을 무덤에까지 가져갈 수 있다. '미뤄 놓은 인생 설계'에 따라 살다 보면 보상받기를 원하는 욕심과 뭔가 채우고 싶은 허기가 늘 끊이질 않는다. 항상 뭔가 부족한 느낌이 든다.

열정을 다해 열심히 일하라. 단, 가장 소중한 재산인 시간을 가장 의미 있는 일에 써라. 남은 인생 동안 무엇을 하고 싶은가? 이 말은 문자 그대로 앞으로 평생 무엇을 할 것인가라는 뜻이 아니다. 예상치 않은 사회 속에서 앞으로 평생 동안 어떤 일을 하게 될지 알 수 있는 사람이 과연 누가 있을까? 내일 갑자기 생이 끝난다면 지금까지 정말로 하고 싶은 일을 하면서 살았다고 자신 있게 말할 수 있을까? 당신은 앞으로 평생 어떤 일을 하고 싶은가? 지금 당장 그 일을 시작하려면 어떻게 해야 할까?

왼쪽으로 고개를 돌려 솜엉겅퀴와 양귀비가 자라고 소와 말이 풀을 뜯고 있는 비탈진 벌판 너머의 태평양을 쳐다봤다. 소박하고 목가적인 분위기였다. 오른쪽으로 고개를 돌리니 복잡하게 얽힌 고속도로, 교통 정체, 비즈니스 센터로 숨쉴 틈 없이 빼곡한 건물이 들어서 있는 밸리가 보였다. 오늘도 레니 같은 이방인들이 작은 이곳 신도시로 밀려와 천문학적인 집세를 지불한다. 150년 전에 금을 캐러 캘리포니아로 밀려들어 왔던 사람들이 그랬듯, 대부분 빈손으로 떠날 것이다. 하지만 그 중 몇몇은 부를 축적할 것이고 새로운 리더가 될 것이다. 긍정적 사고방식을 가진 사람들의 땅, 바로 실리콘밸리에서 말이다.

서로 정반대 같지만 매력적인 풍경을 양 옆에 거느리고 있는 이 산봉우리에 서 있는 걸 나는 좋아한다.

학창시절, 나는 어떤 그룹에도 속하지 않은 채 똑똑하면서도 엉뚱한 친구들과 어울렸다. 주변을 맴돌던 친구들은 재능이 남달랐고, 엉뚱한 일에 관심이 많았다. 고장 난 TV나 컴퓨터를 해부하고 망원경을 만들며, 복화술을 배우고 해부된 동물을 수채화로 그리는 등의 일을 하기도 했다. 자신만의 관심사에 열중한 채 늘 비주류의 길을 걸었던 것이다. 그 친구들의 재능과 창의력을 아꼈던 나는 세상과 그들을 연결시켜주는 다리 역할을 했다.

지금 나와 함께 일하고 있는 사람들은 선천적으로 뛰어난 재능을 가지고 있지만, 아이디어의 상업화나 그 아이디어가 사회에 미칠 파장을 극대화 할 방법을 모르는 발명가와 사업가들이다. 사업의 묘미란 바로 텅 빈 캔버스 하나를 들고서 현상을 무너뜨리고 변화를 불러일으키는 것이다. 나는 사회를 발전시키겠다는 비전을 갖고 지속적으로 위대한 사업을 해나가는 멋진 사업가들과 일을 한다. 그들과의 상담이 곧 내 일이다.

지난번 암스테르담으로 여행을 갔을 때 들른 라이크스 박물관에서 오후 내내 베르메르와 렘브란트의 작품을 감상한 적이 있다. 렘브란트의 〈야경〉은 특히 인상적이었다. 네덜란드의 다른 화가처럼 그 역시 부유한 후원자들의 부탁으로 이 그림을 그렸다. 시민군의 영화를 증명하듯 우아하게 차려 입은 열 몇 명의 사람들이 후원금의 액수와 사회적인 지위에 따라 그림 속의 위치를 차지하고 있다. 네덜란드 경제 황금기를 이끌던 유명인사들이 캔버스를 통해서 불멸을 꿈꿨던 것이다. 하지만 그들 중 내가 아는 사람은 단 한 명도 없었다. 그저 한 화가의 걸작에 등장하는 소재일 뿐이었다. 지금 내게 의미가 있는 단 한 사람은, 후세까지 명성이 전달된 가난한 화가, 렘브란트뿐이다.

수많은 사람들이 부와 명예, 권력을 휘두르고 있는 오늘날, 〈야경〉에 대해 한번 생각해 보자. 몇 백 년이 지나면 오늘날 잘나가고 있는 거물들 역시 기껏해야 캔버스 속의 배경으로 전락할 뿐이다.

그 작품을 감상하고 있으니 몇 년 전 신문 헤드라인의 '미국 최대 갑부, 샘 월튼 눈을 감다'라는 내용이 떠올랐다. 결국 그는 갑부를 기록하는 줄에 최근 이름을 올린 사람에 불과한 것일 뿐, 존 메이너스 케인스의 말처럼, 결국 우리 모두는 죽는다.

가장 중요한 자원은 시간뿐이다.

Re: 마지막 질문

앨리슨, 그건 당신에게 달려 있어요. 레니와 처음에 계획했던 아이디어를 발전시키려면 당신이 고삐를 잡고 레니를 잡아당겨야 할 겁니다. 당신은 잃을 것이 없죠. 할 수 있는 한 많은 질문을 놓고 고민해보세요. 하지만 모르는 게 있다 하여 걱정할 필요는 없습니다. 어떻게 하면 해답을 찾을 수 있을지 그걸 고민하면 됩니다.

행운을 빕니다.

잘 있어요.

_랜디

10
총체적인 인생 설계

THE MONK AND THE RIDDLE

"장례식에 '즐거움'의 요소를 다시 넣기로 했습니다." 레니가 말했다.

이제 내 차례인가?

"즐거운 장례식?"

"레니, 그만해. 하나도 즐겁지 않아." 앨리슨이 잔소리를 했다.

레니는 웃음을 터트렸다. "선생님의 반응이 보고 싶었습니다."

그는 새로운 사업계획서를 내게 건넸다.

"지금까지 구상한 것들을 가장 잘 표현한 내용입니다."

레니의 유머감각은 여전히 부족함이 있지만, 열의에 찬 그를 다시 보니 나 역시 기뻤다.

"어쩌면 즐거운 Funerals.com을 만들겠다는 표현이 적절한 것 같습니다. 더 이상 예전의 Funerals.com이 아닙니다."

레니는 포인터를 꺼내 계획서 표지를 가리키며 제목을 읽었다.

"랜디 코미사 씨에게 드리는 사업계획발표."

절대로 고쳐지지 않는 습관도 있는 법이다.

"Circle-of-Life.com 사업계획서."

"레니, 나도 글을 읽을 줄 알아요. 기억하죠? 그런데, Circle-of-Life.com은 무슨 뜻이죠?"

"사업설명을 들으면 바로 이해되실 거예요." 앨리슨이 말했다.

"좋아요." 호기심이 커졌다.

두 사람과 연락이 끊긴 지 열흘이 지나자, 나는 그들과의 인연이 자연스레 마무리되었구나 생각했다. 앨리슨이 레니의 고집을 꺾지 못한 게 안타까웠다. 그러나 인터넷 장례 서비스가 멀지 않아 이뤄질 거라는 생각은 강했다.

그런데 갑자기 이메일이 온 것이다.

아직 숨쉬고 있습니다.
랜디 선생님.
우리는 아직 죽지 않았습니다. 지난 일을 비추어 많은 고민을 한 끝에 사업계획서를 수정했고 프랭크 씨도 다시 한 번 기회를 주겠다고 했습니다. 이틀 뒤, 오후 일찍 프랭크 씨를 만나 뵙기로 했습니다. 하지만 선생님께 먼저 아이디어를 들려드리고 싶습니다. 콘디토레이에서 모닝 홍차 한잔 대접해 드려도 되겠습니까?
감사합니다.

_레니

그래서 우리는 다시 여기에 모였다. 여느 때처럼 콘디토레이는 느즈막한 아침까지 늘 조용했다. 디자이너의 유모차에 아이를 태운 젊은 부부와 테이크아웃 주문을 하는 손님들이 가끔 들르는 것을 제외하면 말이다. 따사로운 햇볕이 비치는 자리에 앉았다. 불법으로 녹음한 테이프에서 데드the Dead의 '악마의 친구'라는 음악이 흘렀다. 코니는 직원들의 대화에 끼어들어 한숨 돌리고 있었다. 그녀는 세균 번식 이야기는 모두 잊어버렸는지 옛 친구처럼 레니를 반겼다. 천성적으로 사람을 대하는 방법을 알았고, 나를 찾아오는 어떤 젊은 친구들보다 사업에 대해 잘 알고 있다. 조만간 코니와 동업에 대해 한번 얘기를 나눠 봐야지.

레니가 '즐거운' 이야기를 꺼냈을 때, 아마도 3주 전 그와 처음 만났던 상황이 떠올랐다. 오늘 아침에도 여전히 양복을 차려입은 레니는 입구까지 와서 (팔은 부여잡지 않고) 나를 맞이했고, 앨리슨과 함께 앉아 있던 그 자리로 나를 안내했다.

다행스럽게도, 똑같은 상황은 딱 거기까지였다. 지금도 여전히 열의가 강했지만 그 속엔 따스함과 유머감각이 섞여 있었다. 앨리슨도 원래 모습을 되찾았는지 우유부단하거나 망설이는 것 같지 않았다. 그녀와 레니는 한 팀으로 어우러진 것이다.

내 답장을 받은 뒤 앨리슨은 주말 내내 전략을 구상했다고 한다. 레니는 포기할 생각이었지만 앨리슨이 설득한 끝에 다시 도전해 보기로 했다고 한다.

"그러니까 Circle-of-Life.com이 주말에 나온 작품인가요?"

내 말에 두 사람은 함께 고개를 끄덕였다.

"Funerals.com에서 말씀 드렸던 부분이 여전히 있긴 합니다만 이제는 커다란 구상의 일부분일 뿐입니다." 레니가 말했다.

"랜디 선생님, 가족분들은 다 이 근처에 사시나요?" 앨리슨이 물었다.

"아뇨. 뉴욕 북부, 뉴잉글랜드에 있어요. 아내의 가족은 펜실베이니아, 플로리다, 노스캐롤라이나 출신이죠. 여기는 나와 아내뿐이에요."

"앨리슨과 저도 마찬가지입니다. 주로 보스턴에 많지만 형제 중 두 명은 중서부에, 누나는 플로리다에서 살아요. 아버지 쪽 일곱 형제 분들은 동부와 남부에 흩어져 거주 중이고, 한 분은 외국에 있습니다. 앨리슨네 가족들은 뉴잉글랜드와 남서부 여러 곳에 살고 있고요."

레니가 말하자 앨리슨이 덧붙였다. "요즘 같은 시대에는 가족이나 친구들과 연락하고 지내려면 열심히 노력해야 하죠. 편지를 쓰는 사람도 더 이상 없고요."

레니가 다시 말했다. "아버지께서 돌아가셨을 때 HTML을 쓸 줄 아는 이웃 소년에게 돈을 지불하고 홈페이지를 만들어 달라고 했습니다. 가족들이 모여서 메시지도 주고받고, 아버지를 추모할 수 있는 공간을 원했거든요. 그건 가족간의 거리를 좁혔을 뿐 아니라 감정을 더 쉽게 공유하게 만들었습니다. 거기 올라가 있던 몇몇 포스팅을 보셨죠? 삼촌과 고모들이 아버지와 함께 자라면서 겪었던 이야기도 써 놓으셨고, 몇몇 친척 분들은 아버지의 어린 시절이 담긴 사진들을 올려 주셨습니다. 아버지를 기억하고 추모할 수 있어서 얼마나 위안이 됐는지 모릅니다. 정말 좋았습니다. 홈페이지를 구경한 친구들도 그런 사이트를 만들고 싶다고 말했죠."

"어쨌든" 앨리슨이 끼어들며 말했다. "모든 사업 계획을 다시 검토하면서 단순한 명제에 집중했죠. 사람들이 모여서 죽음과 질병을 함께 극복해 나가는 사이트를 만드는 것. 그게 우리의 사명입니다."

"그리고 관도 팔 겁니다." 레니가 끼어들었다.

"맞아요. 관도 팔 거예요." 앨리슨이 고개를 끄덕였다. "당연한 거죠. 어려운 시기에 결정해야 할 많은 돈이 요구되는 결정이죠. 더 많은 정보가 있다면, 더 나은 선택을 할 수 있게 됩니다."

"좋은 서비스를 제공하고, 합리적인 이윤을 취하는 모범적인 장례식장과 함께 일할 겁니다. 어찌 됐건, 장례절차를 책임져 줄 사람은 있어야 하니까요. 우리는 사람들에게 최고의 시설을 저렴한 가격으로 이용할 수 있도록 정보를 주는 겁니다." 레니가 말했다.

"관만 파는 게 아니라 다른 서비스도 제공할 거예요. 상담, 묘지, 비석, 장례 방법에 대한 것들 말이죠." 앨리슨이 재빨리 덧붙여 말했다.

나는 손을 들어 말했다.

"와, 자, 천천히 갑시다."

나는 열정적이고 빠르게 진행되는 발표를 좋아하지만, 한번에 이해할 수 있는 수준 이상의 내용이 쏟아지고 있었다.

Funerals.com에 원래 담아 둔 레니와 앨리슨의 초기 아이디어는 가족과 친구들이 모여서 고인을 기릴 수 있는 인터넷 커뮤니티를 만들자는 것이었다. 두 사람은 이 커뮤니티에 시한부 환자들과 그들을 돌보는 주변 사람까지 포함시키는 것으로 아이디어를 발전시켰다.

"누구나 쉽게 시한부 삶과 죽음을 함께 나눌 수 있는 커뮤니티를 만들 계획입니다. 세계에 흩어져 있는 가족들과 친구들이 한자리에 모여 슬퍼하고 추모하며 애도하고 서로 도울 수 있는 공간을 만들 겁니다. 인터넷이 없었을 때는 불가능했던 일입니다. 동시에 저희는 시한부 환자들이 죽음을 의연히 받아들일 수 있도록, 남겨질 사람들을 위해 마지막 정리를 잘할 수 있도록 도울 겁니다. 예를 들면, 유산이나 부동산 정리 같은 것을 말이죠. 시한부 환자들과 죽음에 대한 더 많은 사회적 관심이 필요로 합니다. 이 사업은 그들을 돕는 역할이 될 겁니다."

"생의 마지막 순간을 가능한 의미 있게 만들도록 돕고 싶어요. 서로 간에 친근하고 다정함이 가득한 커뮤니티 안에서 삶의 목적을 가르쳐 준 분과 만날 수 있는 기회를 사람들에게 제공하는 거죠." 앨리슨이 말했다.

인생의 마지막을 어떻게 마무리할 것인가에 관한 사업 내용이라는 생각이 들었다.

"시장의 규모도 전에 이야기했던 때만큼 상당할 거예요. 하지만 시장에 접근하는 방식이 좀 더 인간적이고 포괄적인 방식으로 바뀐다는 게 차이점입니다." 앨리슨이 꼭 집어 말했다.

"기본 서비스는 무료가 될 겁니다." 레니가 말했다.

그는 사진과 글이 담긴 커뮤니티를 누구나 쉽게 만들 수 있도록 템플릿과 가이드라인을 제공하겠다고 했다. 상담은 물론 말기 환자를 간병하는 전문가들과 의료진의 도움을 받아 기본 서비스를 구축하고, 커뮤니티 가입을 원하는 사람들은 사이트를 방문해 회원으로 가입하면 원하는 서비스를 마음대로 선택할 수 있다. 다른 회원들과 소통을 하면서 좀 더 활발하게 참여할 수도 있다. 기본 홈페이지는 무료지만, 웹사이트의 저장공간 크기가 일정 수준을 넘거나, 예를 들어 6개월 정도 정해진 사용기간을 넘기면 이용료가 청구된다.

현명한 판단이라 생각했다. 무료로 서비스를 이용하도록 독려하고, 장기적으로 유지할 의사가 있는 사람에게만 돈을 받겠다는 식이니까. 쉽게 이용해 볼 수 있는 인터넷판 '맛보기'라 할 수 있다. 물론 장기적으로 이용할 만한 가치를 주는 서비스를 만들어야 한다. 하지만 일반적인 사용자만으로도 광고주와 스폰서로부터 매출을 만들어 낼 수 있을 것이다.

"저희 계획은 간병, 의약품, 치료법, 상담정보 등과 같은 것을 삶의 마지막 단계에 들어선 사람이나 그 주변 인물에게 제공하는 거예요." 앨리슨이 말했다.

커뮤니티 회원들은 광고에 시달릴 필요도 없다. 관심 대상이라고 등록한 후에야 특정 정보에 대한 정보들을 보게 된다. 광고주 입장에서도 일반 대중에게 정보를 제공하는 것이 아니라 정말 서비스가 필요한 사람에게 정보를 제공하게 되고, 상거래 파트너들을 이끌 수 있는 힘이 되는 것이다. 정보를 요청하는 이용자가 있으면 관련 인터넷 사이트나 각 지방 서비스 시설을 안내해 준다. 실제 수요자에 대한 광고를 원하는 사업자들에게는 광고료를 청구할 수도 있다. 비영리 단체에게는 무료로 제공된다.

광고주들은 불특정 다수보다는 판매 가능한 특정 대상을 원한다. 실제 수요자에 대한 접근은 대량의 웹사이트 접속보다 판매업자들에게 매우 귀중한 가치가 된다. 앨리슨과 레니도 이런 식이라면 덜 상업적인 방법으로 커뮤니티 회원들을 증가시킬 수 있을 것이다. 또한 그들은 특별한 전문가를 강사로 모시거나 비슷한 문제와 아픔을 겪고 있는 커뮤니티 회원들끼리 모여서 정보를 교환할 수 있는 다양한 이벤트와

포럼을 개최할 계획을 가지고 있었다. 각 개인은 약간의 참가 비용만 지불하면 된다. 회원들 간에 서로 도울 수 있도록 별개의 커뮤니티들을 연결시켜주는 힘은 이 사업의 유용한 특징 중 하나다.

두 사람의 설명은 이랬다. 죽음을 앞둔 사랑하는 가족의 간병을 책임지는 사람은 홀로 슬픔을 감내해야 하는 무거운 짐을 지게 되는데, Circle-of-Life.com은 비슷한 상황에 놓인 사람들끼리 대화를 나눌 수 있는 자리가 될 것이다.

"그들은 서로 의지할 수 있고, 가족이나 친구들에게는 표현하지 못했던 속마음, 예를 들면 노여움 같은 것을 표현할 수 있겠죠." 앨리슨이 말했다.

새 사업계획에도 원래 계획에 정리되어 있던 장례용품을 판매하는 내용이 담겨 있었다. 그런 용품을 취급하는 각 지방의 모범 장례업체들을 정리하고, 회원들이 그 자료들을 참조하게 할 것이다. 장례식장 같은 영리업체들로부터 Circle-of-Life.com은 제휴형식을 통해 판매 수익의 일부를 수수료로 받는다. 이런 방법으로 다양한 매출이 창출된다는 레니의 설명이었다.

"Funerals.com의 취약점 중에 사이트 자체를 어떤 식으로 홍보하느냐 하는 문제가 있었습니다. 이 사업이 가능하게 하기 위해서도 회원들의 접속을 유도해야만 하죠." 내가 지적했다.

"네, 물론입니다. 하지만 이 방법은 좀 더 포괄적이고, 오프라인에서 서비스를 제공하는 지방 장례업자들과의 갈등도 적을 겁니다."

그는 각 지방 모범 장례식장과 협력 관계를 맺고, 각 장례식장을 추천하며 전국적으로 널리 홍보하는 웹서비스 역할을 할 계획이라고 했다. 또한 병원에서 근무하는 봉사자, 호스피스, 전문 간병인들 및 회원제로 운영되는 기타 단체들과 제휴를 맺을 계획이었다. 끝으로 유명한 교회나 성당 등 종교단체들에게도 Circle-of-Life.com이 제공하는 여러 혜택을 알릴 수 있도록 추천을 요청할 것이라고 했다.

요약하면, 시한부 환자들의 고통과 유족들의 슬픔을 덜어주려는 사람들을 하나로 묶는 거대한 네트워크를 구축하는 것이었다. 특히 Circle-of-Life.com이 멀리 떨어져 있는 가족들과 친구들의 원하는 바를 충족시켜 준다면 이 네트워크는 엄청난 경쟁력을 가지게 될 것이다. 방문자 수가 늘수록 사람들에게 더 많은 가치를 제공하게 될 것이고, 각 지방 장례업체들을 더 끌어들이게 될 것이다. 사업모델을 따라 하는 경쟁사가 있겠지만, 일단 Circle-of-Life.com이 네트워크의 중심으로 정착되면 밀어내기가 어려울 것이다. 이 시나리오는 많은 사람들이 추구하는 '네트워크 효과'인데, 이용자의 수가 증가할수록 추가 비용의 부담 없이 수입을 늘릴 수 있다.

레니와 앨리슨이 구상하는 것은 대규모 작업이 필요한 사업이고 성공을 장담할 수도 없었다. 하지만, 커다란 구상의 실행에는 위험부담 또한 늘 함께한다. 그들의 아이디어는 생활의 기본적인 필요성을 담고 있고, 인터넷의 검증된 장점을 활용하겠다는 것으로 실현 가능성이 충분했다. 이 사업이 성공하려면 신속한 움직임과 엄청난 노력이 필요하다. 또한 방대한 네트워크를 구축해야만 한다. 작은 도전이 결코 아니다.

"팀을 결성하는 데 진전은 있었나요?" 내가 물었다.

"시간이 일주일 정도밖에 없었기 때문에…… 하지만 초기 자본만 유치하면……." 레니가 말했다.

"드릴 말씀이 있었는데 잊고 있었네요." 앨리슨이 말했다.

그들은 Circle-of-Life.com에 대한 새로운 아이디어를 구상하고 초안을 작성하면서, 몇 달 전에 만났던 소규모 엔젤 투자자 그룹을 다시 만났다. 원래 사업모델인 Funerals.com에는 투자를 거절했던 사람들이었는데, 새로운 사업계획을 보고는 몇 사람이 초기 자본으로 50만 달러를 투자했다.

레니와 앨리슨은 그 자금으로 직장을 그만두고 사업 구상에만 매달릴 수 있었다.

"건강제품 회사가 절 채용하겠다는 제안을 놓고 고민을 많이 했어요." 앨리슨이 솔직하게 얘기했다. "마음에 드는 부분도 많았고 중병으로 고생하는 사람들을 도울 수 있는 기회였으니까요. 하지만, 레니와 Circle-of-Life.com의 기본 전제를 놓고 합의하게 되자 더 이상 망설이지 않았어요. 제가 정말로 하고 싶었던 일인데 시도조차 하지 않은 상태에서 포기하면…… 글쎄요. 이번이 기회구나 싶었어요. 인터넷 덕분에 예전에는 할 수 없었던 좋은 일들을 할 수 있게 된 것 같아요."

나는 사업계획서를 다시 훑어봤다. 서비스를 제공한 이후에 대한 가정과 또 그로 인한 결과에 대한 가정이 담겨 있었다. 주요 수입원, 기존 장례업체 및 서비스 기관들과의 제휴 역량, 네트워크 구축, 예상되는 광고료와 서비스 이용료 등이 포함되었다. 레니로서는 이런 맹신이 다소 불편했겠지만, 단계별 목표와 예상을 적은 시간표도 있었다. 지금 당장 확신할 수 없는 부분들에 대해 솔직하게 기술했고 지속적으로 시장에 대해 파악해 나가면서 어떤 식으로 계획을 수정하고 보완할 것인지도 적혀 있었다. 로드맵이라기보다는 믿음직한 나침반에 가까운 사업계획서였다.

팀을 구성하는 데도 어느 정도 진전이 있었다. 웹사이트 구축에 필요한 기술과 벤처 창업 경험이 있는 후보자의 이름이 적혀 있었고 기꺼이 고문을 맡겠다는 카운슬러, 의료진과도 이미 접촉을 시작한 상태였다. 처음에는 파트 타임으로 회계 부분을 돕다가 일단 서비스가 시작되면 정규 직원이 되겠다는 사람도 있었다. 아직까지 팀이 완전히 갖춰진 것은 아니지만 투자를 받으면 합류하겠다는 괜찮은 후보들도 있는 상태였다.

간단한 재무계획서도 있었는데, 기존 시장의 몇 퍼센트가 이 서비스로 이동해 네트워크상에서 중심 커뮤니티를 형성하게 될 것인지를 전망한 자료였다. 각 커뮤니티별로 예상 수입원을 설명하고 총수입을 산정했는데 프랭크의 관심을 끌기에 충분한 숫자였다.

"어떻게 생각하십니까?" 레니가 물었다.

Funerals.com의 발표와 비교해 볼 때 깔끔하거나 세련되지는 않았다. 하지만 열흘 동안 만들어 낸 계획서치고는 나쁘지 않았다. 무엇보다도 가장 중요한 것은 보다 강렬한 비전, 가장 필요하다고 생각하는 부분에 집중한 더 넓은 시야의 아이디어를 가지고 있다는 점이다. 한마디로 형식은 거칠지만 잠재력이 있었다.

나는 프랭크와 만나 이야기할 때, 완전히 솔직해져야 한다고 말했다. Circle-of-Life.com에 숨어 있는 가능성을 강조하며, 이 사업이 성공할 수 있도록 도와달라는 간곡한 부탁으로 그를 참여시켜 보라고 했다.

"만약 실패한다면 어떻게 할 건가요?" 내가 물었다. 광고 유치 가능성 면에서 괜찮은 아이디어였지만 여전히 위험은 도사리고 있었다.

"그 점에 대해서도 서로 이야기를 나눴어요. 앨리슨이 예전에 했던 이야기에 공감합니다. 이번 기회를 놓치면 내내 후회할 것 같습니다. 냉정하게 따져봐야겠지만 우리는 이 사업이 성공할 수 있다고 믿습니다." 이 말과 함께 레니는 어깨를 으쓱했다. "열심히 했는데 실패한다 하더라도, 저희는 여전히 시도했다는 자체에 마음만은 기쁠 겁니다. 그럴 만한 가치가 있는 일이니까요."

"만약 이 사업이 성공한다면, 이건 단지 시작에 불과하겠죠. 출산이나 졸업, 결혼처럼 사람들이 가족, 친구들과 함께 하고픈 인생의 중요한 크고 작은 일들을 아우르는 커뮤니티를 만들고 싶어요." 앨리슨이 말했다.

"그래서 이름을 Circle-of-Life.com으로 지은 겁니다." 레니가 말을 이었다. "인생의 모든 중요한 순간들을 하나로 연결시키는 게 무엇일까 생각해 봤더니 가족이더군요. 나만의 역사를 담은 웹사이트는 누구든지 만들 수 있습니다. 하지만 우리는 가족을 중심으로, 인생의 중요한 행사를 가족과 함께 정리할 수 있는 공간을 제공하고 싶습니다. 결국 이런 순간들을 가장 축하해 주는 것은 가족일 테니까요."

"일단 전 세계에 흩어져 있는 가족들과 쉽게 만날 수 있는 공간이 생긴다는 것은 완전 새로운 세상을 여는 거예요." 앨리슨이 말했다. "온 가족이 모여서 방대한 가계도를 만드는 장면을 상상해 보세요. 몇 년 뒤 우리 아이들이 자라서 인터넷을 검색하게 되면 세대를 거슬러 올라가거나 한 가족에서 또 다른 가족을 이루는 가계도를 웹사이트에서 볼 거예요. 사진과 글로 가득 차 있는 웹 말이에요. 상상해 보세요. 대가족이 거의 함께 살지 않는 세상에서, 가족 간의 끈끈함을 만들게 될 겁니다."

삶의 인터넷. 사람들을 멀어지게 하는 과학기술이 함께 살아가는 의미를 찾게 만들 수도 있는 거군.

"모든 친척들이 작은 시골에 모여 살 때 생기는 이점을 모두 누릴 수 있습니다. 친척들과 꼭 같은 마을에 함께 살지 않아도 말이죠." 레니가 미소를 지으며 말했다.

"게다가 이 사업은 새로운 기술을 요구하지 않습니다. 그냥 있는 기술을 사용하면 됩니다. Circle-of-Life.com만의 독특한 매력은 유용한 정보가 있고, 사람들과 대화를 나눌 수 있는 공간이 있으며 사이트가 간단해서 접근하기도 쉽고, 무엇보다 커뮤니티가 형성된다는 것입니다.

레니가 시계를 쳐다보고서는 프랭크를 만날 시간이 다 되었음을 알렸다.

앨리슨과 함께 서류를 정리하면서 레니가 말했다. "궁금한 점이 많으실 겁니다."

"좋은 아이디어입니다. 사업계획서를 좀 더 상세히 검토해보고, 제 생각을 이메일로 보낼게요."

"이런 사업이 가능하리라고 보십니까?" 그가 궁금해하며 물었다.

"잘 모르겠군요." 나는 솔직하게 말했다. "하지만 어디서 어떤 식으로든 이와 같은 사업은 생길 겁니다. 레니, 당신이 말한 것처럼 인터넷 커뮤니티를 구축하는 데 필요한 기술은 이미 존재하니까요. 누군가 제대로 된 콘텐츠와 정보를 담을 방법을 생각해 내야겠죠. 사람들이 소중하게 생각하고 누군가 기꺼이 대가를 지불할 만한 강력한 방법으로 말입니다."

앨리슨이 자리에 일어나 만족스런 미소를 지으며 악수를 청했다.

"프랭크 씨와의 미팅이 긴장되죠?" 내가 두 사람에게 물었다.

"그럼요. 저희에게는 중요한 순간이니까요. 프랭크 씨가 주신 큰 호의를 날려버려서는 안 되겠죠." 레니가 말했다.

좋군. 총체적인 관점으로 삶을 들여다보게 된 것을 환영해 줘야겠어.

"프랭크 씨가 아이디어를 마음에 들어하실까요?" 앨리슨이 물었다.

"글쎄요."

프랭크를 너무 일찍 만나는 게 아닌가 염려스러웠다. 그들의 아이디어는 골라내고 다듬어야 하며, 통합할 부분들이 아직 많았다. 모든 창업회사에는 집중과 조직이 중요하다. 전략을 만들고 우선순위를 설정함에 있어서도 많은 도움을 받아야 한다. 좋은 점은 레니와 앨리슨이 가득 찬 열정은 물론 함께 일해야 할 비전까지도 갖게 되었다는 것이다.

"어떻게든 이 사업이 이뤄지도록 할 겁니다." 레니는 이렇게 말하더니, 갑자기 목소리를 낮췄다. "앨리슨과 함께 이야기를 나눴습니다. 선생님께서 어떤 식으로든 저희와 함께해 주셨으면 좋겠습니다. 한번 생각해 주세요. 그래 주실 거죠?"

나는 미소를 지었다. 누군가로부터 함께하자는 제의를 받을 때마다 늘 기분이 좋다.

렌터카가 있는 곳까지 그들과 함께 걸었다. 레니와 앨리슨이 차에 올라타더니, 레니가 창문을 내렸다. 나는 두 사람을 볼 수 있도록 몸을 숙였다.

"프랭크가 어떤 의견을 말하는지 알려 주세요. 만약 그가 관심이 없다고 하면, 다른 사람을 소개시켜 드리죠."

길

결론부터 말하면 여행은 그 자체가 주어지는 보상과 같다. 다른 것은 아무것도 없다. 목적지에 도착하는 것, 그게 끝일 뿐이다. 만약 계란을 1미터 아래로 떨어뜨리면서 깨뜨리지 않으려면, 높이를 1.5미터로 높이면 된다. 거의 25년 전, 스코틀랜드의 인적이 끊긴 길에 서 있을 때 깨닫게 된 것이다.

축축하고 음산한 날이었다. 차가운 4월의 비는 잿빛 하늘을 갈랐다. 언덕을 감돌고 나온 바람이 내 겨울 코트 안으로 세차게 밀려 들어왔다. 주위는 왠지 으스스했고 양들이나 좋아할 만한 험준한 바위투성이만 가득했다.

나는 런던에서부터 차를 얻어 타며, 친구와 함께 일주일

째 여행 중이었다. 장거리 트럭 운전사는 우리를 글래고스까지 데려다 주었지만 동쪽으로 애버딘, 다시 남쪽으로 인버네스와 네스 호까지 가는 길에는 친절한 운전사는커녕, 지나가는 자동차마저 한 대 없을 때도 있었다. 에버딘 근처에서 드디어 토실토실한 수다쟁이 아가씨의 차를 얻어 타게 되었다. 그녀는 남자친구와 헤어진 지 얼마 지나지 않아서인지, 사귀자는 시도라도 할 태세였다. 우리는 열심히 장단을 맞췄다.

그렇다고 더 적극적이지는 않았다. 그저 본인의 농장에 가서 뭘 좀 먹고 마시지 않겠냐며 우리를 초대하는 정도였다. 마시자는 것은 술이었고 먹자는 것은 운이 없게도 해기스 haggis, 양·송아지의 내장을 오트밀 따위와 섞어 그 위장에 넣어서 삶은 요리였다. (나는 영국에서 채소를 찾아 헤매는 채식주의자였다.)

흠. 친절한 아가씨에 몇 가지 음식과 가득한 술! 춥고 축축한 오후를 보낼 수 있는 따뜻하고 보송보송한 시골집이라…… 어떻게 거부할 수 있을 것인가?

하지만 여행 계획이 허락하지를 않았다. 여정에도 없던 곳일 뿐더러, 네스 호를 보고 급히 런던으로 돌아가서 파리로 넘어가야 했다. 지도를 열심히 들여다보며 꼭 봐야 할 도시와 장소를 동그라미 치고 몇 개월 동안 준비한 끝에 시작한 여행이었다. 작은 예산으로 네다섯 달 만에 유럽의 모든 유적지와 박물관을 둘러보겠다는 계획하에 짐을 싼, 1970년대 버전의 그랜드 투어Grand Tour, 영국 귀족 자제의 유럽 만유 여행였다. 부잣집 친구들은 이미 몇 년 전에 유럽 일주를 끝마친 상태였다. 지금이라도 그들처럼 해 봐야지 싶어 출발한 여행이었다.

그래서 옆자리에 함께 있던 친구를 억지로 차에서 끌어내렸다. 차가 멀어지면서 그녀가 운전하는 차의 거울 속으로 술과 음식, 따뜻한 시골집의 초대도 사라져 갔다. 길가에서 우리는 지금의 상황을 살폈다. 남북을 가로지르는 왕복 2차선 도로에 두 사람만 달랑 있었다. 양쪽을 둘러봤지만 아무것도 없었다. 차도, 사람도, 집도. 단지 외롭고 지저분한 양 몇 마리가 몸을 웅크린 채 비를 피하고 있을 뿐이었다.

한 시간 정도는 현재 우리의 처지를 놓고 서로 농담을 주고받으며, 이 시련이 곧 끝날 것이라 믿으며 정신을 똑바로 차리려 애썼다. 하지만 그나마 어쩌다 지나가는 차마저 못 본 적 지나쳐 버리자 절망감은 깊어만 갔고 이곳에서는 이게 당연한 일임을 알아 차렸다. 양 방향으로 수 마일까지도 보이는 위치였지만, 아무도 우리를 위해 와 주지 않았다.

점점 어두워지기 시작하자, 우리는 길을 벗어나 목초지로 들어간 후 돌멩이를 주워모았다. 혹시나 하는 마음에 가끔씩 길가에 나와 주위를 둘러보기도 했다. 목초지 한가운데는 좁은 골짜기가 두 갈래로 나 있었다. 그 골짜기를 따라 우리는 둑을 쌓기 시작했다. 우리가 여기 있음을 알리기 위해서라도 뭔가 해야 했다. 나는 깊이를 가늠하기 위해 골짜기 속으로 돌멩이를 집어 던졌다. 가끔 돌멩이가 깊은 물 속으로 가라 앉는 소리가 들렸고, 가파른 골짜기 옆을 맞고 튕겨나가기도 했다. 1초, 2초, 3초. 나는 초를 세며 고등학교 때 배운 물리학 실력을 발휘해 골짜기의 깊이를 계산해 봤지만, 매번 돌을 던질 때마다 내 측정이 달랐기에 포기할 수밖에 없었다.

　나는 머리를 감싸 쥔 채로 풀밭에 앉았다. 어떻게 하면 공들여 준비한 여정을 스케줄대로 원상 복귀하여 수렁에서 건져 낼 수 있을지 고민했다. 이런 식으로는 안 될 것 같았다. 끊임없이 가설을 세우면서 궁리를 하는데 갑자기 미묘한 변화가 느껴졌다. 어깨 위로 따뜻한 햇살이 느껴지는 것이다. 하루 종일 우리를 짓누르던 어둠의 장막이 걷히면서 눈부신 빛 줄기와 무지개가 나타났다. 희미한 안개 너머로 내 눈에 항상 비쳐 왔던 그 아름다운 모습이 보였다. 골짜기를 따라 신나게 달리는 물살, 앞뒤로 구불구불 펼쳐진 아스팔트길, 군데군데서 양들이 천천히 풀을 뜯고 있는 에메랄드 빛 언

덕, 그리고 유럽의 스코틀랜드 어딘가 이름 모를 땅에 외롭
고 고요한 풀밭 위에 앉아 있는 여행객인 나. 햇볕이 눅눅함
을 태워 없애 가는 동안, 나는 이게 바로 여행이구나 하는 걸
깨달았다.

　나를 묶고 있던 습관과 일상에서 네 다섯 달 가량이나 벗
어나 있는 소중한 시간이었다. 다른 사람이 그린 지도와 걸
어간 땅을 따라가는 게 나에게 무슨 의미가 있을까? 이건 내
여행이었고, 내 인생이었으며 나만의 여정이 필요했다. 나는
스케줄 따위는 던져 버리겠다 다짐하고 이런 결정이 어디로
나를 이끄는지 보기로 했다.

　한 시간쯤 뒤에 어느 노부부의 차를 타고 네스 호에 도착
했다. 숙소를 잡고, 술집과 카페에서 시간을 보낸 후 몇몇 장
소를 둘러보면서 우리의 시간을 마음껏 보냈다. 마침내 우리
는 런던으로 돌아갔고, 소호에서 열린 파티에 참석했다가 파
리에 있는 친구들을 소개받았다. 일주일 내내 빵과 치즈를
먹고 와인을 병째로 마시며, 동물원과 식물원, 박물관을 왔
다갔다하며 보냈던 시간은 그야말로 황홀했다. 그다음에는
기차를 타고 스페인으로 가는 사람들을 따라나섰다. 그런 식
으로 계속하여 마드리드, 리스본, 모로코, 바르셀로나, 밀라

노, 베니스, 볼로냐, 플로렌스, 로마, 아테네, 산토리니, 크레타, 그리고 그 중간중간을 계속해서 여행했다. 멈추는 곳마다 새로운 사람들과 새로운 경험들이 나를 기다렸다. 누드 여행객들로 가득한 한적한 해변이 있다는 정보를 코르푸 섬의 어느 술집에서 만난 여행가에게 듣고 찾아 나서기도 했다. 그리스와 터키의 국경에는 굳게 빗장이 걸려 있었지만, 한 스위스 소녀가 로드스 섬에서 배를 타고 들어가는 다른 경로를 알려 주었다.

다시 갈림길이 나타났다. 터키의 마르마리스였다. 스위스 소녀는 아프가니스탄을 지나 동쪽으로 간다고 했는데 거기까지 함께 가도 좋다고 했다. 7월 말이 되어 가던 그때, 여정대로라면 그때쯤 삶의 다른 부분을 시작하기 위해 매사추세츠의 캠브리지로 출발해야만 했다. 나는 스코틀랜드의 그 길을 떠올렸다. 선택은 나의 것이다. 내 삶은 어디로 향하고 있는 걸까?

이쪽으로 가든, 저쪽으로 가든 후회할 것 같았다. 나는 계속 앞으로 나아가기로 했다. 바로 이스탄불로 말이다. 사람들 말에 따르면 거기서 암스테르담까지 갈 수 있고 뉴욕행 비행기 티켓이면 어디든지 갈 수 있다고 했다. 나는 암스테르담을 가 본 적이 없다. 내 여정을 연장하지 않을 그 이상의 이유가 뭐가 있겠는가?

더 이상 인생을 낭비할 시간이 없다.

역자의 글

THE MONK AND THE RIDDLE

어떻게 살 것인가_신철호

방 안에서 유일하게 따듯했던 구석을 차지하고 누워 올려다 본 천장은 어머니 가슴처럼 봉곳하게 내려앉아 있었다. 빗물이 스며들어 무게를 견디지 못한 벽지가 군데군데 내려앉은 결과였다. 그 어린 시절부터 시작되었을 것이다.

'무슨 일을 하고, 어떻게 살 것인가?'

젊은 시절은 고뇌의 연속이었다. 고등학교 기숙사 시절, 한문노 선생님의 영향으로 만든 네 장짜리 '70년 인생계획' 이 아니었다면 나의 현재는 쉬이 예상하기 어려웠을 터다. 그 계획서가 무겁고 두려웠다. 뭐 하나 이뤄지는 것 제대로 없어 죄다 찢어 버린 후 다시는 쳐다보지 않겠다고 다짐한 적도 있다. 하지만 정해진 길을 가는 철로처럼 내가 하고 싶은 일, 내가 가야 할 길에서 너무 멀리 벗어나지 않게 붙잡아 주는 강한 손길이 되었음을 부정할 수 없다.

파스칼은 '고뇌에 지는 것은 수치가 아니다. 쾌락에 지는 것이야 말로 수치다. 고민하면서 길을 찾는 사람들, 그들이 참된 인간상이다'라고 하였다. 무엇을 좋아하는지 조차 스스로 몰라 방황하던 혼돈의 시간은 나의 끝이 아닌 참된 길을 찾아가는 과정일 뿐이라는 안도감을 주었다.

창업 25년차.

그동안 수많은 실수와 실패로 얼룩진 나의 사업 이력은 가히 누구에게 자랑할 바 없지만, 어리석은 판단과 현명함을 구별하게 되고, 내가 사랑하는 일의 종류와 이루고자 하는 기업문화를 가르쳐 주었다. 심지어 누구와 함께 할 것인가, 깊이 사랑해야 할 사람은 누구인가에 대한 기준까지 일깨워 주었다. 만약, 실패가 두려워 상상 속에서만 머물러 도전하지 않았다면 결코 발견할 수 없었을 것이다. 크리에이터의 글로벌 생태계를 만들어가는 OGQ와 모든 사람에게 주치의를 연결하겠다는 목표의 닥프렌즈, 정당이 기능하지 않으면 시민이 일어서면 된다는 마음으로 개발한 POSDAQ. 삶의 미션을 기업으로 성취해 가는 기쁨과 성과들은 모두 그런 시간들 속에서 얻어진 경험, 주변의 도움이 합쳐진 과정이자 결과다.

헨리 데이빗 소로우는 '월든'에서 사람의 삶이 가르치는 것을 배우고 싶어 했고, 죽어가는 마당에 이르러 자기가 살아온 것이 참된 삶이 아니었다는 사실을 발견하는 슬픔을 경험하지 않기를 바랐다. 또 다른 그의 책 '시민의 불복종'은 나 역시 삶을 독립적으로 살겠다는 의지를 갖게 했다. '과일이 익어서 떨어질 때가 가까워지면 화려한 색조를 띠고, 이때 그 과일은 보다 독립적이고 개인적인 삶을 시작하며 양분도 그리 많이 필요로 하지 않는다'는 그의 표현처럼 말이다.

그 의지는 '학교를 왜 다니고, 나는 무엇을 즐기며 누구로부터 이를 얻을 것인가'에 대한 답도 찾게 했다. 연세대 정치외교학과를 다니며 이신행 선생님을 뵌 것은 '무엇을 하며 살겠다'는 방향성을 찾게 한 행운이었고, 3학년 1학기를 수료, 제적된 후, 고려대 대학원으로 옮겼을 때 가르침을 주신 정의승 교수님으로 인해 UI User Interface를, 다시 KAIST 기술경영전문대학원으로 옮긴 후 장현준 교수님, 안철수 교수님을 통해 '내가 왜 사업을 하는가'에 대한 초심과 깨달음을 가졌다. KATUSA 17항공여단 복무시절, 아버지와 같았던 윤일로 대장님은 군 복무 또한 행복하게 할 수 있음을 전해 주신 분이었다. 기업을 경영하며 만나 뵌 수많은 어르신, 그리고 동료, 후배들도 내게 가르침을 주었으니, 내가 배운 것 중 가장 잘한 것은 '타인에게 무엇을 배울 것인가'에 대한 준비가 항상 되어 있다는 점이다. 모순적이게도 누군가에게 무엇을 배운다는 것은 더욱 더 나를 독립적으로 만들어 주었다.

KAIST 재학 시절, '기업가정신' 수업시간에 바로 이 책, 『승려와 수수께끼』를 교재로 만난 것 또한 행운이었다. '선택'의 의미가 무엇이고, 내 삶 속에서 본질적인 '우선순위'가 무엇이며, 그것이 사업이든 내 인생의 방향을 결정짓는 일이든 어떤 생각이 그 출발점이 되어야 하는지를 찾아가는 길이 되었다.

"하고 싶은 일을 하라. 해야만 하는 것보다…… 그래야 진지해질 수 있고, 오래갈 수 있으며, 이를 지속함으로써 그 분야에서 뭔가 이루고 마침내 성과를 낼 수 있다."

늘 지키려 하면서도 매일 무너지는 원칙들이 있지만, 내가 사랑하고 즐거운 일, 미션이 담긴 일에 몰두해야 한다는 것만큼은 흔들리지 않으려 나를 담금질한다. '더 이상은 예전처럼 살지 말자, 한 번 사는 것, 나의 내면이 원하는 것을 찾아 제대로 살자'는 생각만이 나에게 행복을 가져다준다. 저자인 '랜디 코미사'는 바로 그 삶의 원칙을 파고든다. 그러했기에 실리콘밸리의 많은 젊은이와 도전자들에게 이 책이 찬사를 받았을 것이다.

오로지 자신의 삶에 대한 진지한 목적의식과 내가 진정 원하는 것을 발견할 때 행복은 가능하다. 이것은 수많은 경험과 노력을 통해 발견되는 산물이다. 해보지도 않고 머릿속으로만 그려서는 결코 발견하기 어렵다. 그래서 도전해야 한다. 해봐야 한다.

선배보다 더 고민하며 살아가는 청년들이 우리 사회를 혁신하는데 이 책이 작은 도움이 되기를 바란다. 독자가 구매하여 내가 얻게 된 번역료 전액은 풀뿌리대안학교www.pulschool.net, 아름다운재단www.beautifulfund.org에 기부금으로, KAIST의 후배들에게 장학금으로 각각 기부되었다. 내게 기부란 과거 사업이 힘들 때, 나로 인해 피해를 보게 되었던 분들과 사회에 진 빚을 갚는 마음의 표현이다. 좋은 일을 한다는 자부심은 거의 없다. 평생 해도 부족할 것이다.

부족한 번역서임에도 감사를 표현할 수 있는 지면이 주어졌기에, 사랑하는 가족, 어머니, 동훈 그리고 지후, 또한 지난 세월 기업 경영을 해오는 동안 도움을 주신 분들에게 감사를 드리고 싶다. 나를 포함한 이 시대의 많은 젊은이들이 이 책을 통해 '진정 내가 원하는 것'을 찾겠다는 의지를 갖고, 방황하는 모든 사람에게 작은 도움의 손길이 되기를 마음 깊이 바란다.

누구의 소유물이 되기에는,
누구의 제 2인자가 되기에는,
또 세계 어느 왕국의 쓸 만한 하인이나 도구가 되기에는
나는 너무나도 고귀하게 태어났다.

_세익스피어 '존 왕' 5막 2장

승려와 수수께끼

THE MONK AND THE RIDDLE

1판 1쇄 2013년 11월 25일
2판 6쇄 2024년 1월 26일

지은이   랜디 코미사
옮긴이   신철호
펴낸이   김승욱
편 집   김승욱 심재헌
디자인   최정윤
마케팅   김도윤
브랜딩   함유지 함근아 고보미 박민재 김희숙 박다솔 조다현 정승민 배진성
제 작   강신은 김동욱 이순호

펴낸곳 이콘출판(주)
출판등록 2003년 3월 12일 제406-2003-059호
주소 10881 경기도 파주시 회동길 455-3
전자우편 book@econbook.com
전화 031-8071-8677(편집) 031-8071-8681(마케팅)
팩스 031-8071-8672
ISBN 978-89-97453-17-7 03320

이 도서의 국립중앙도서관 출판예정도서목록(CIP)은
서지정보유통지원시스템 홈페이지(http://seoji.nl.go.kr)와
국가자료종합목록 구축시스템(http://kolis-net.nl.go.kr)에서
이용하실 수 있습니다. (CIP제어번호 : 2013023966)